▶ 教育部"国培计划"首期中小学名师领航
北京市海淀区教师进修学校培养基地研修

· 与名师一起进修 · ● 丛书主编：罗滨

# 灵动语文的
# 课程统整

▶ LINGDONG YUWEN DE
KECHENG TONGZHENG

▶ 林乐珍 / 著

北京师范大学出版集团
BEIJING NORMAL UNIVERSITY PUBLISHING GROUP
北京师范大学出版社

**图书在版编目(CIP)数据**

灵动语文的课程统整/林乐珍著. —北京：北京师范大学出版社，2024.3

ISBN 978-7-303-29076-5

Ⅰ. ①灵⋯ Ⅱ. ①林⋯ Ⅲ. ①语文课－教学研究－中小学 Ⅳ. ①G633.302

中国国家版本馆 CIP 数据核字(2023)第 065564 号

**图书意见反馈：**gaozhifk@bnupg.com    010-58805079
**营销中心电话：**010-58802755    58800035
**北师大出版社教师教育分社微信公众号    京师教师教育**

出版发行：北京师范大学出版社    www.bnupg.com
　　　　　北京市西城区新街口外大街 12-3 号
　　　　　邮政编码：100088
印　　刷：天津中印联印务有限公司
经　　销：全国新华书店
开　　本：710 mm×1000 mm    1/16
印　　张：13.5
字　　数：200 千字
版　　次：2024 年 3 月第 1 版
印　　次：2024 年 3 月第 1 次印刷
定　　价：59.00 元

策划编辑：冯谦益　　　　　　　责任编辑：冯谦益　张　越
美术编辑：焦　丽　　　　　　　装帧设计：焦　丽
责任校对：段立超　　　　　　　责任印制：马　洁　赵　龙

# 丛书编委会

顾　问：顾明远

主　编：罗　滨

副主编：申军红　韩巍巍

成　员：柏春庆　曹一鸣　李瑾瑜　李　琼　李英杰
　　　　林秀艳　莫景祺　邵文武　王尚志　王云峰
　　　　王化英　吴欣歆　谢春风　余　新　张铁道
　　　　张　鹤　赵杰志

序 一

XUYI

## 教师要努力成为教育家

《中共中央 国务院关于全面深化新时代教师队伍建设改革的意见》（以下简称《意见》）是中华人民共和国成立以来党中央出台的第一个专门面向教师队伍建设的里程碑式的政策文件。这是以习近平同志为核心的党中央高瞻远瞩、审时度势，立足新时代的战略部署作出的重要决策，将教育和教师工作提到了前所未有的政治高度。

为落实《意见》的精神，《教师教育振兴行动计划（2018－2022年）》提出"实施中小学名师名校长领航工程，培养造就一批具有较大社会影响力、能够在基础教育领域发挥示范引领作用的领军人才"。"国培计划"中小学名师领航工程（以下简称"名师领航工程"）是全国中小学教师培养的最高层次，2018年开始，对百余名优秀教师进行三年连续性系统化培养，旨在充分发挥名师的示范引领作用，探索教育领军人才培养的有效模式，营造教育家脱颖而出的制度环境，着力建设新时代高素质专业化创新型教师队伍。

那么什么样的教师才能称为教育家呢？我认为，教育家一般要达到以下三条标准：一是长期从事教育工作，爱教育，爱孩子，爱学科，把教育作为自己毕生的事业。二是要有先进教育理念，富有教育智慧和教育艺术，形成自己的教育风格。三是善于学习，不断钻研，敢于创新，善于吸收新事物，逐渐形成自己的理论见解和思想体系。

名师领航工程的学员都是来自全国各地的特级教师和正高级教师，他们多年从事教育工作，教学经验丰富，教学能力突出，很多也有自己的教学特色和风格，是很优秀的专家型教师。但是他们还缺乏理论修养，没有把很多优秀的教学案例和生动的育人故事，以及课堂和学科的教学主张，形成系统化和结构化的理论见解和思想体系。名师领航工程就是学员从优秀走向卓越的生长点，在此项目学习期间要帮助他们梳理总结自己的教育经验，把经验上升为理论，逐渐形成自己的教育风格和教育思想体系，并能对其他教师起示范引领作用。

名师领航工程学员撰写的专著，是他们多年教学实践和育人成果的总结和提炼，也是他们教学主张和教育思想的升华。专著的出版，相信会成为本学科领域具有影响力的学术成果，这标志着他们在基地的三年研修结出了累累硕果，也标志着他们离教育家越来越近。

北京市海淀区的基础教育在全国处于领先地位，北京市海淀区教师进修学校在教师教育领域做了很多引领性、示范性的工作。作为首批名师领航工程培养基地中唯一的教师研修机构，为培养教育家型卓越教师做了很多的探索和实践，培育名师再成长的理念先进，实践导向的"三年六单元"的研修课程系统，强调学员深度参与、不断输出思考与实践的研修方式有效，成果丰硕。现在北京市海淀区教师进修学校与北京师范大学出版社合作，组织编写和出版"与名师一起进修系列丛书"，是非常有意义的一项工作。

我非常期待，丛书的出版能够很好地支持新时代的教师队伍建设，让越来越多的教师成长为教育家，引领广大教师迈向教育现代化！

中国教育学会名誉会长，北京师范大学资深教授

序 二

XU 'ER

## 名师再成长：从优秀到卓越

百年大计，教育为本；教育大计，教师为本。《中共中央 国务院关于全面深化新时代教师队伍建设改革的意见》（以下简称《意见》）强调："造就党和人民满意的高素质专业化创新型教师队伍""到 2035 年，教师综合素质、专业化水平和创新能力大幅提升，培养造就数以百万计的骨干教师、数以十万计的卓越教师、数以万计的教育家型教师"。这是中华人民共和国成立以来，党中央出台的第一个面向教师队伍建设的里程碑式政策文件。

从《意见》的出台，到全国教育大会的召开，习近平总书记发表了关于教师的一系列重要论述，这些都表明国家对教师职业的重视，对新时代高素质教师队伍建设的重视。在这支队伍中，名师是很重要的一个关键群体，他们师德高尚，专业精深，育人成果显著，能带领教师团队在教育改革中攻坚克难，是一个地区的教育领军人才，是教师队伍的领头羊，而促进更多的优秀教师成长为教育家型教师，则关系着我国教师队伍整体质量的提升。

2018 年年初，北京市海淀区教师进修学校（以下简称"海淀进校"）承担了教育部"国培计划"中小学名师领航工程（以下简称"名师领航工程")培养基地的任务，来自全国 10 个省市的 11 名特级教师和正高级教师成为基地的首批学员。基地面临着一个极具挑战性的任务，就是如何助力优秀的专家型教师成长为卓越的教育家型教师。

**首先，我们明确了教育家型卓越教师的关键特质。**

**责任与担当——教育当为家国计。** 教育家时刻牢记为党育人、为国育才使命，他们主动承担起教育改革发展的重任，有着"知其难为而为之"的无畏勇气，敢于承担别人不敢承担的责任与重担，他们有宽视野和高境界，着眼于国家发展、民族未来，在教育改革的大潮中主动作为。

**理想与情怀——使命感成就教育家。** 教育是教育家毕生的理想与追求，他们有崇高的职业使命，高度认同教育的目的，深刻理解教育的本质，精准把握教育的脉搏，研究课程、教学、评价的每一个环节，不断探索有意义的学科教学与学科育人，努力上好每一堂课、教好每一个学生。

**创新与坚持——探索和领航的基石。** 教育家是探索者，更是领航者。他们尊重学生成长规律，在教育实践中不断摸索和创新，面对问题不断寻求新思路，更新知识结构，开阔学术视野，提升自己的教育能力，努力培养德智体美劳全面发展的学生。他们信念坚定，持之以恒，坚守初心，百折不挠，在处理困难和挫折时，表现出非同寻常的坚持，也在不断遇到难题、攻克难题的过程中享受成功带来的快乐。

**那么，如何从优秀教师成长为教育家型卓越教师？**

**在更好地成就学生中再成长。** 教育家的目标是更好地成就学生，想大问题，做小事情，把崇高的教育理想落实到平凡的教育教学工作中。坚守正确的教育价值观，仰望星空又脚踏实地，逐渐形成独特的教学风格和教育思想，形成标志性的教育教学成果，在教育改革与发展中发挥示范引领作用，这样的教师才能被称为"教育家"。

**在培养基地中实现再成长。** 良好的环境、志同道合的同伴有利于名师再成长，培养基地就是一个很好的平台。基地可以创建良好的教育生态，提供肥沃的土壤、充足的阳光和丰沛的养分，通过与同伴和导师的共同研究和实践，唤醒和激励他们主动发展和自我成长。在基地，未来教育家们携手前行，形成团队发展态势，也会带动更多的优秀教师逐渐成长为教育家型卓越教师，在教育改革中，领基础教育发展之航，领学科育人之航，领学生和同伴成长之航。

自 2018 年成为名师领航工程培养基地以来，海淀进校的干部和教研员，反复研讨，从培育模式、培育机制、研修课程、培训方式等多方面进行了探索和创新。构建了"基地—大学—中小学"个性化、立体式培养模式，形成"学员—导师共同成长"的新型关系：用高远目标引领，使教师成为有风格、有思想、有智慧，能够引领基础教育改革发展的教育家型卓越教师；用系列课程支持学员成长，"三年六单元、九大模块课程"使名师开阔了教育视野，提升了教育境界，发展了教育创新能力；有实践导师同行，名师和同学科高水平教师一起，聚焦学科核心素养发展，探索学习方式变革，上课、切磋、分享，在深度互动、深刻体验、共同创造中实现新的成长。

海淀进校能够通过申请、答辩和双选等环节成为名师领航工程培养基地，学员能够来到海淀，就是对海淀进校的充分信任。我们不能辜负学员的信任。为了给学员提供充分的接触国内知名学者和一线名师的机会，我们给每位学员配备了 5 名导师，有学科专业导师、学科教学导师、教育理论导师、教研导师和一线导师。有理论导师相伴，名师和专家一起，在课题研究和实践中，在一次次微论坛中，将自己的教学主张概念化、结构化，固化教育风格，凝练教育思想。同时基地开展教育援助，发挥辐射作用，从"一枝独秀"到"百花齐放"，学员教师通过名师工作室带领团队解决问题，在成就其他教师中成长。

通过名师领航工程的探索与实践，海淀进校以先进的教育理念、特色的课程供给、高端多元的导师团队、健全的服务机制为特色，构建名师成长的生态系统与示范基地，为全国教师研修机构提供了名师培育的成熟范式。

丛书立足海淀进校基地培养教育家型卓越教师的鲜活经验和理论探索，是学员理解学科本质、探索学科育人的成果凝练。丛书聚焦了当前学科教学和学科育人中的关键问题，书中既有学科教育和学生发展的理论，又有学科教学的方法，还有经过实践检验的教学案例和育人案例，对一线教师来说可学、可做、可模仿、可借鉴，是教师开展学科教学和班主任工作的重要参考。

　　丛书同时展现了名师成长的路径和教学主张、教育思想形成的过程。希望通过丛书的出版，让更多的教师、教研员、学者和教育行政管理者从教育家型卓越教师的成长中得到一些启示，也祝愿更多的老师从优秀走向卓越，成长为教育家型卓越教师！

罗　滨

北京市海淀区教师进修学校校长

## 用统整的观念重构语文教育

林乐珍老师新作即将付梓，嘱我为序。作为本书的第一批读者，我只能说说自己学习的感受。

与林乐珍老师相识是在 2018 年。这一年，教育部教师工作司举办了"中小学名师领航工程"的首届"名师领航班"，林老师作为学员来北京海淀学习。她给我的第一印象是小学教育经验丰富，且充满教育激情，对语文教学有自己独特的理解和追求。然而，作为"名师领航班"的学员，林乐珍面对的是新的起航——既要持续发挥自身在专业领域中的示范、引领作用，又要进一步突破自身经验的局限，将自己的实践智慧与深入的理论思考相结合，构建具有自身特色的实践理论。这犹如一位船长，要建造并驾驶一艘新的航船，从自己熟悉的海域出发，驶向曾经眺望过的蓝海。

几年的时间过去了，林乐珍老师完成了自己探索的航程，基于自己的航海日志给我们大家绘制了一幅驶向蓝海的新海图，为其他探索者提供了领航的参考。正像她在本书的第一章所说的，这是一本"为一线老师而写"的书，"为广大一线老师提供落实核心素养的语文课程统整的视野和资源，让每位语文老师都能想明白，知道应该怎么做"。

"想明白，知道应该怎么做"对教育而言并不是一件容易做到的事。教育是有目的、有计划地培养人的活动。如何认清社会的发展趋势，准确理解学生发展的规律，基于未来社会对下一代人的要求，有效地培育和发展学生的语文素养，对于每一位语文教育工作者而言，都是需要深入研究的大问题。

　　一百多年来，由于模仿近代西方的学科课程体系，我们不少语文教育工作者被"学科教学"的框架框住了视域，以学科知识和技能、教师和课堂为中心，成为我们习惯的思考工作的基点。我们花了大量的精力研究"教什么"和"怎么教"，却常常忽略了思考学生为什么要学习这些知识和技能，语文教育的育人目标因此被忽视了。

　　打开自己的视界，审视、重构自己的经验系统，从追求"灵动的语文教学"，走向落实学生核心素养培养目标的"灵动语文的课程统整"，林乐珍老师站在育人的高度重构了自己对语文教育的理解。她把"自上而下"的理论思考与"自下而上"的实践行动整合在一起，从语文课程目标的统整、语文课程内容的统整、语文课程实施的统整、语文课程评价的统整，到超越学科的局限，实现了语文跨学科的统整；把学生的学校语文学习与其现实的语文生活、未来的语文素养发展紧紧地联系在了一起。因此，"灵动"不仅仅是教师教、学生学的特征，也会成为学生在面对日益复杂的语言生活和未来的持续发展中所表现出来的品格特征。

　　我理解，林乐珍老师能用"统整"的观念重构她自己坚持了多年的"灵动语文"，不仅因为她想清楚了学生"为什么学"，能从语文教育价值的视角审视自己的经验；更是因为她在努力运用现代学习科学的成果来重新思考学生是"如何学"的，并进而思考学生"学什么"。正是因为她理解了"越有结构的知识，越接近学科本质"这一现代学习科学的结论，她才能更进一步追求语文课程内容的统整；也正是基于构建学生语文核心素养结构的育人目标，她才在教学实施中进一步探索如何促进学生的"深度学习"，通过积极的教学活动，"引起、维持、促进学习，展现学生学习过程的高投入、高认知和高表现"，并用有效的评价促进学生学习。对于一位有丰富教学实践经验的语文特级教师而言，能基于对语文教育价值和学生语文学习规律的深入思考，并重新审视自己多年的语文教学经验，林乐珍老师实现了对自己专业上的要求，即"想明白，知道应该怎么做"。

在我看来，"想明白，知道应该怎么做"是一种对语文教师专业标准最朴实、也最重要的表述，但真要做到这一点却不容易。过去几年的时间，作为林乐珍老师语文教育探索过程的见证者，我旁观了她努力探索的过程，也听她分享过探索中的困惑和欣喜。当我读到她这部书稿时，我觉得，她不仅用自己的努力为更多的一线语文教师绘就了一幅通向语文课程改革蓝海的海图，也为她自己"后特级时光"的专业发展建立了一个重要的路标。

王云峰

首都师范大学教授

普通高中语文课程标准修订组成员

MULU

第一章

# 素养导向的
# 语文课程统整

深化课程改革把培育学生核心素养作为基础教育课程改革的新目标。在此基础上，各学科结合其自身特点，进一步凝练出了学科核心素养。

语文教学从"三维目标"到"学科核心素养"，目标的飞跃必然带来课程结构、课程内容、课程实施乃至课程评价的一系列变化。

## 第一节　整体化：素养时代教学的基本要求

中国学生发展核心素养以培养"全面发展的人"为核心，分为文化基础、自主发展、社会参与三个方面，综合表现为人文底蕴、科学精神、学会学习、健康生活、责任担当、实践创新六大素养(见图 1-1)[①]。

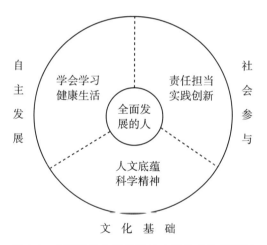

图 1-1　中国学生全面发展核心素养总体框架图

"人文底蕴"(人文积淀、人文情怀、审美情趣)，侧重感性。"科学精神"(理性思维、批判质疑、勇于探索)，侧重理性。唯有感性、理性同时发展，才能够切实地拓宽学生的视野，情性通达、才智清明，这是

---

① 核心素养研究课题组：《中国学生发展核心素养》，载《中国教育学刊》，2016(10)。

学生全面发展的文化基础。

"健康生活"（珍爱生命、健全人格、自我管理），指向内省自己。"责任担当"（社会责任、国家认同、国际理解），指向外观社会。要求教学要从"解文"（理解故事）、"知人"（感悟文中物品质）的"前半程阅读"，走向"论世""察己"的"后半程阅读"，即形成正确的人生观和价值观，这是育人目标。

从文化基础到育人目标，当下教育教学的关键是学会学习、实践创新。具体而言，素养导向下的教育教学是既要帮助学生"学会学习"，找到解决问题的思路和方法，这是所谓的举"三"反"一"；又要引导学生"实践创新"，将从一个情境中习得的知识应用到其他情境中，这是所谓的举"一"反"三"。两者转化的核心在"一"，即整体化。

认知心理学认为，知识的作用，不是知识量的作用，而是良好的知识结构的作用，即"知识组块"的作用，在教学中要善于帮助学生实现知识的结构化。综观深化课改的文件，系统、整体、整合、统筹、全科育人、全程育人、全员育人成了频频出现的关键词。

可以看出，理论、政策，相互契合，同向而行，提示我们当今时代从知识立意转向素养发展立意，一个最基本的要求就是"整体化"。

灵动语文的课程统整是指基于一定的逻辑，从课程目标、课程内容、课程实施和课程评价等层面出发，使原本分化的课程要素形成有机整体。从横向看，要回答以下问题：

一是语文课程目标的统整。建立学科素养目标体系，整体设计学段、学年、学期的课程规划，梳理学科核心素养在每个阶段进阶发展中的要求，实现课程标准、单元目标、课时目标三层目标的一致性。

二是语文课程内容的统整。越有结构的知识，越接近学科本质。要让学习内容在有内在联系的结构与系统中彰显意义，帮助学生理解、记忆，实现教学内容的有趣、有用。

三是语文课程实施的统整。将有逻辑、有体系的学习内容进行个体化的关联建构，展现学习过程的高认知和高表现。

四是语文课程评价的统整。根据目标确定评价标准，为学生的学习活动提供持续清晰的反馈，使设计、实施、评价循环往复，相互促进。

从纵向看，课程具有以下几个层级，低级别结构是高级别结构的组成部分：

第一个层级是课堂学习设计。这是最基本、最重要的课程建设，教师需要统整学习资源，设计学习活动，也就是备课。

第二个层级是学科整合、拓展。教师以单元为单位，围绕主题、概念等，把内容单元转化为学习单元，让学生"既见森林又见树木"。这种基于整体思维的单元整体学习设计是当下深化课改的方向之一。

第三个层级是基于大任务，通过跨学科、项目化的真实情境，让学生在学以致用中提高知识的综合运用能力，还学生真实、自然的学习。这是 21 世纪课程改革的亮点，也是课程改革的难点（见图 1-2、图 1-3）。

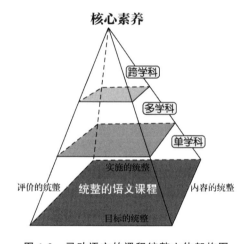

图 1-2　灵动语文的课程统整立体架构图

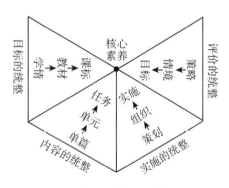

图 1-3　灵动语文的课程统整展开图

## 第二节　灵动语文走向课程统整

在课改的大形势下，灵动语文从课堂要素的统整到有体系的统整，再到全方位的统整，经历了一次又一次的更新与完善。

## 一、课堂要素的统整

教师、学生、知识是课堂教学的主要要素，三方面紧密联系在一起。

灵动语文最重要的特点就是对话——"教师与文本的对话"，通过巧妙创新的课堂教学设计，让知识情境化；在"学生与文本的对话"中强调学生的主动参与、积极建构，展开灵活扎实的言语实践，从而帮助学生理解、积累和运用语言；在"师生、生生、人机的多元对话"中深入研究学习规律，盘活课堂资源，助力学生的学习和成长。这是灵动语文最初的统整意识。

## 二、有体系的统整

人是在反思中不断进步的，正是在这种反思，我对灵动语文开始了新的探索——

第一，目标的聚焦。语文学习的目标是"点式"的。每一篇课文都带着某个教学任务进入教材，不同的课文会有不同的教学价值。尽管各篇课文之间不构成连续和递进关系，但每一篇课文都是语文课程目标体系中的一个点，即通过这篇课文完成某一个课程目标，一篇篇课文聚沙成塔，最终达成课程总目标。我们将《义务教育语文课程标准（2022年版）》提出的小学语文各年段学习要求结构化地梳理归类：从横向上，可以定位不同课文的不同功能；从纵向上，不同年段有不同的学习要求，各板块内容在各年段是一个螺旋上升的过程。

第二，认知体系的建构。在学情分析中，我们往往会关注学生的"原有认知"与"认知的规律"，而忽略了最重要的"学习期待的分析"。如果说学生原有认知是"现在在哪里"，那么"学习期待"就是"要到哪里去"，认知规律的分析则是"怎么去"。

从目标的聚焦到关注学习期待的学情分析，这一过程为如何帮助学生形成结构化的认知体系提供了清晰的路径。

第三，微课程的重构。在前面两个维度的研究基础上，我开始反思，能不能打乱原有教材排序，基于学习需求，从学生学习的原点出发，跳出教材，通过调整、重组、补充、完善，对其进行课程重构，连点成线，连线成面，连面成体。于是，儿童诗、写作等一个个微课程应运而生。

### 三、全方位的统整

记得第一次参加名师领航工程，见到我的学科专业导师王云峰教授时，我向他汇报了自己对语文教学的思考与研究经历。王教授听完后说："你之前由下而上的思维方式很不错，接下来你给自己一个新任务，锻炼由上而下的思维方式。"我的教育理论导师余新教授也说："学会能够由下而上，又能由上而下的思维方式，就能成就你独特的优势。"

经由老师们的教导，我开始由上而下、由下而上地寻找学理依据，系统梳理自己对语文课程的理解。

拼音难学？我把统编教材拼音学习涉及的知识点都整合在胖圆游历的一个个故事中，当13个故事讲完了，学生便将拼音掌握了。绘本拼音打通了学科课程、活动课程，整合了课内、课外课程，促进了多样化学习方式的变革。

在学生爱学、能学的基础上，怎么才能进一步促进他们自主学习？我又带领团队把统编教材中的6个识字单元和汉字构形文化结合，6个"双要素统整"的学科项目化学习，构成了一个汉字构形文化的识字新体系，这就是大单元识字教学。

前期的一切经历、积淀都在产生价值，呈现在我们目前在做的事情中（见图1-4）。

课堂要素的统整、有体系的统整以及全方位的统整，这是灵动语文课程统整的策略生成。

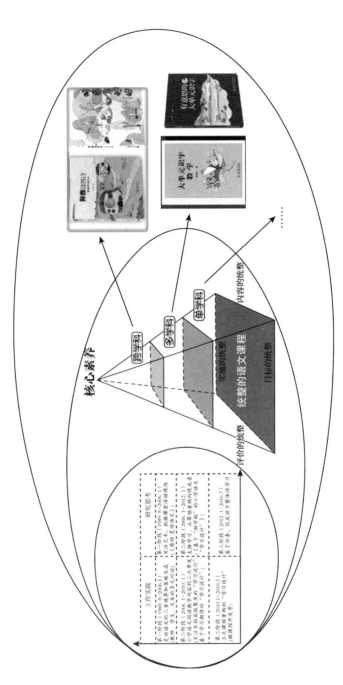

图1-4 专业发展走势结构图

## 第三节 语文课程统整的整体构想

### 一、课程统整层级与灵动语文发展历程

回顾灵动语文课程统整的发展历程，可以清晰地看到几个关键节点，即课堂要素的统整、有体系的统整、全方位的统整。这是灵动语文不断超越、不断建构的过程，刚好对应前述语文课程统整的层级结构（见图1-5）。

灵动语文的课程统整就是给一线教师在语文课程的教学过程中如何横向、纵向、旁向联结，如何向上、向下、向外系统观照，提供基本思路和行动范本。

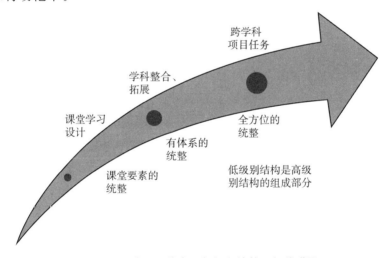

**图1-5 灵动语文的发展与课程统整层级关联图**

### 二、灵动语文的发展历程与教师专业发展

反观一线教师的专业成长，必然要经历以下几个阶段：首先，新教师带着学科专业知识走上讲台，应提高课堂执教能力；其次，教师应深入解读教材；最后，把课上出味道，教师能自己选择与加工学习材料，让课堂妙趣横生。

　　灵动语文发展的走势结构正是每位教师正在面临或即将面临的专业发展的阶段。我希望把自己对语文课程的思考系统地梳理、呈现，为广大一线教师提供落实核心素养的语文课程统整的视野和资源，让每位语文教师都能想明白，知道应该怎么做。

　　本书共分六章，第一章系统阐述了语文课程统整的学理依据，在梳理灵动语文走向统整的迭代发展基础上，勾勒出语文课程统整的整体构想。这也是全书的基本架构，回答的是"为什么""是什么""怎么用"三个问题。第二章到第六章回答的是"怎么做"以及如何站在课程角度思考教学改进的问题。其中，第二章阐述了目标统整的系统工程中几个关键点，即"解读与梳理课程标准""理解与把握教材整体结构""基于学情统整课标与教材"。第三章阐述了单篇课文的统整、单元内容的统整以及项目任务的统整，连点成线，连线成面，连面成体。第四章阐述了统整学习的策划、组织、实施。第五章阐述了评价目标的确定、评价情境的设计、评价策略的选用，实现了教、学、评一体化。第六章阐述了跨学科学习方式的统整路径、跨学科学习主题统整策略以及跨学科任务设计的思维方式，这是灵动语文课程统整的趋势与追求。每个章节的安排基本是按照实践操作的逻辑纵向推进，呈阶梯形逐步提升的过程（见图1-6）。

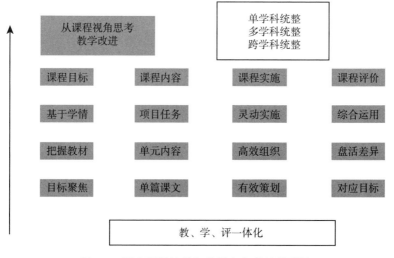

**图1-6　语文课程统整与教师专业成长关联图**

### 三、课程统整层级、灵动语文发展历程与教师专业发展

当下深化课改，必然引发一系列联动性的教学变革，理想和现实间的落差需要教师去弥补。因此，本书最大的价值在于"用"，每个层级的教师都可以根据自己的实际情况，找到阅读切入点（见图 1-7）。

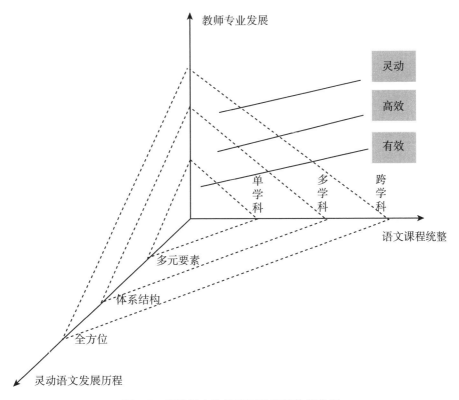

**图 1-7 灵动语文的统整三维度整体构想图**

为此，从第二章至第六章，每章的后面都提供了两个任务。第一，理一理。采用"双重通道原理"（文字加图表），总结整理本章思路和关键理念。第二，做一做。基于本章主题遴选了在研究与实践中形成的典型案例，为不同层级教师在设计核心素养的课程统整时，提供借鉴和参考；这些典型案例也可以作为教研员或教研组策划组织教研

活动时的参考。只有学以致用，才能建构起新思路，才能将新理念化为行动。

由于水平有限，灵动语文课程统整新体系无论是在理论层面还是在实践操作层面都尚不完善，需要后续不断丰富和发展。这是灵动语文研究继续努力的方向。

第二章

# 语文课程目标的统整

语文课程目标的统整是语文课程统整的出发点与归宿。那么，语文课程目标如何走向统整？我们不妨先来追问几个问题——

问题一：语文课程的目标是什么？

语文课程的目标是通过学科育人，提升语文学科核心素养，实现立德树人。

《义务教育语文课程标准（2022年版）》明确指出："义务教育语文课程培养的核心素养，是学生在积极的语文实践活动中积累、建构并在真实的语言运用情境中表现出来的，是文化自信和语言运用、思维能力、审美创造的综合体现。"①换句话说，语文课程的目标就是以语言运用为基础，并在学生个体语言发展过程中培养思维能力、审美创造、文化自信。

问题二：课程标准、教材、教学三者之间的关系。

此三者关系最理想的状态是"课程教材化，教材教学化"。但限于种种原因，很难达到这种状态，因此在实际教学中，需要我们进行"两次转化"：首先整体理解教材结构，把握其先后关系，将专家设计的课程转化为教师实践的课程；然后基于学情分析，统整课标与教材，再将教师实践的课程转化为学生习得的课程。

可见，语文课程目标的统整是立足一个体系下的整体思考，其本身就是一个统整的过程。落实到实践层面有几个关键点，也是操作的难点。

本章从解读与梳理课程标准、理解与把握教材整体结构、基于学情统整课标与教材三个方面具体说明。


## 第一节　解读与梳理课程标准

《义务教育语文课程标准（2022年版）》是语文教学与教材编写的纲领与依据，解读与梳理课程标准对语文学习的总体目标，是语文课程目标统整的一级聚焦。

---

① 中华人民共和国教育部：《义务教育语文课程标准（2022年版）》，4页，北京，北京师范大学出版社，2022。

## 一、课程标准的系统对接

以"阅读与鉴赏"为例，小学语文中每一篇课文都是带着某个教学任务进入教材的，不同的课文有不同的教学价值。尽管各篇课文之间不构成连续和递进关系，但每一篇课文都是语文课程目标体系中的一个点，即通过这篇课文完成某一个课程目标，一篇篇课文目标聚沙成塔，最终达成课程总目标。我试着梳理归类《义务教育语文课程标准（2022 年版）》提出的小学语文各学段阅读与鉴赏目标，详见表 2-1：

表 2-1 《义务教育语文课程标准（2022 年版）》小学各年段阅读与鉴赏目标的归类梳理表

| 学段 | 课程目标 | | |
| --- | --- | --- | --- |
| | 感悟 | 积累 | 运用 |
| 第一学段 | 1. 喜欢阅读，感受阅读的乐趣。养成爱护图书的习惯。<br>2. 诵读儿歌、儿童诗和浅近的古诗，展开想象，获得初步的情感体验。<br>3. 阅读浅近的童话、寓言，关心自然和生命，对感兴趣的人或事有自己的想法，乐于与人交流。 | 1. 在阅读中积累词语。<br>2. 借助读物中的图画阅读。尝试阅读整本书，用自己喜欢的方式向他人介绍读过的书。<br>3. 感受语言的优美。积累自己喜欢的成语和格言警句。背诵诗文 50 篇（段）。课外阅读总量不少于 5 万字。 | 1. 学习用普通话流利、有感情地朗读课文。学习默读。<br>2. 结合上下文和生活实际了解词句的意思。<br>3. 认识课文中出现的常用标点符号。 |
| 第二学段 | 1. 能联系上下文，理解词句的意思，体会课文中关键词句表达情意的作用。<br>2. 体会文章表达的思想感情。<br>3. 注意在诵读过程中体验情感，领悟诗文大意。初步感受作品中生动的形象和优美的语言，与他人交流自己的阅读感受。 | 1. 积累课文中优美词语、精彩段落，在课外阅读和生活中积累语言材料。<br>2. 诵读优秀诗文。背诵优秀诗文 50 篇（段）。<br>3. 阅读整本书，初步理解主要内容，主动和同学分享自己的阅读感受。养成读书看报的习惯，乐于与同学交流。课外阅读总量不少于 40 万字。 | 1. 用普通话流利、有感情地朗读课文。初步学会默读，做到不出声，不指读。学习略读，粗知文章大意。<br>2. 能借助字典、词典和生活积累，理解生词的意义。能初步把握主要内容。学习圈点、批注等阅读方法。能对课文中不理解的地方提出疑问。能复述叙事性作品的大意。<br>3. 在理解语句的过程中，体会句号与逗号的不同用法，了解冒号、引号的一般用法。 |

续表

| 学段 | 课程目标 | | |
| --- | --- | --- | --- |
| | 感悟 | 积累 | 运用 |
| 第三学段 | 1. 体悟词语的感情色彩。<br>2. 体悟作者的思想感情。在交流和讨论中，敢于提出自己的观点。<br>3. 阅读叙事性作品，说出自己崇敬、向往、同情等感受。阅读诗歌，想象诗歌描述的情境，通过诗文的声调、节奏等体味作品的内容和情感。受到优秀作品的感染和激励，向往和追求美好的生活。 | 1. 在阅读中了解文章的表达顺序，初步领悟文章基本的表达方法。<br>2. 诵读优秀诗文，注意通过诗文的语调、韵律、节奏等体味作品的内容和情感。背诵优秀诗文60篇（段）。<br>3. 尝试使用多种媒介阅读。阅读整本书。把握文本的主要内容。积极向同学推荐书目并说明理由。扩展自己的阅读面，课外阅读总量不少于100万字。 | 1. 熟练地用普通话有感情地朗读课文。默读有一定的速度，默读一般读物每分钟不少于300字。学习浏览，扩大知识面，根据需要搜集信息。<br>2. 能联系上下文，推想课文中有关词句意思。<br>3. 阅读叙事性作品，了解事件梗概，简单描述印象最深的场景、人物、细节。阅读诗歌，大体把握诗意，想象诗歌情境。阅读说明性文章，能抓住要点，了解基本说明方法。<br>4. 在理解课文的过程中，区分顿号与逗号、分号与句号的不同用法。 |

通过表 2-1 可以看出，从横向上看，小学语文"阅读与鉴赏"的课程内容主要包括"感悟""积累""运用"三大板块，据此，我们可以基本定位不同课文的不同功能，也就是核心目标。

从纵向上看，各年段学到"什么程度"的阶段目标也一目了然。不同年段有不同的学习要求，各板块核心目标呈现一个螺旋上升的过程。比如"感悟"目标，第一学段的定位是"感受阅读的乐趣"，第二学段是"初步感受"，第三学段为"提出自己的看法"。再比如朗读目标，第一学段重在"学"，第二学段重在"用"，第三学段重在"能"。

以上梳理已涵盖了语文课程阅读与鉴赏及语境识字等大部分内容，至于识字与写字、表达与交流、梳理与探究的目标统整线索，我将在后面章节穿插说明。

## 二、课程标准的核心落地

通过以上课程标准的系统对接，我们基本上可以明确一篇课文的核心目标。一般来说，情感体验类课文的核心目标为"感悟"，语言优美或构思典型课文的核心目标为"积累"，强调学习方法、阅读策略的文章核心目标就是"运用"。

我随机抽取每册教材的第 7 课，将其核心目标定位写于下表 2-2。读者可遮住下表，先自己思考如何实现课程标准的核心落地，然后再观察表 2-2。

表 2-2　统编教材各册第 7 课核心目标定位分析表

| 核心 | 位置 | | | | | | | | | | | |
|---|---|---|---|---|---|---|---|---|---|---|---|---|
| | 117 | 127 | 217 | 227 | 317 | 327 | 417 | 427 | 517 | 527 | 617 | 627 |
| 感悟 | | √ | √ | √ | | | | | | √ | | √ |
| 积累 | √ | | | | √ | | | | | √ | | |
| 运用 | | | | | | √ | √ | √ | √ | | | |

说明：第一个数字表示年级；第二个数字表示册次，其中"1"表示上册，"2"表示下册；第三个数字"7"表示第 7 课。

以《青蛙写诗》《听听，秋的声音》《开国大典》为例，这几篇课文的核心目标都为"积累"。结合课程标准中"积累"在不同学段的目标进阶：低段"积累词句"，中段"积累课文中优美词语、精彩句段"，高段"初步领悟文章的基本表达方法"，三篇课文"积累"核心目标的定位就非常清晰：

《青蛙写诗》：借助具体事物认识标点，积累运用"（　　）说：我能给你当个（　　）"的句式。

《听听，秋的声音》：理解课文中"叮咛、歌吟"等，以及"在每一片叶子里，在每一朵小花里，在每一滴汗水里，每一颗饱满的谷粒里"等直白、半隐喻、想象等各种形式的描写，尝试写一小节自己听到的秋天的声音。

《开国大典》：了解课文是怎样点面结合描写场面的，尝试运用点面结合描写场面的表达方式。

需重点说明的是，有时候不同教师对核心目标的定位会有所不同。这其实与教师的生活经历、对文本的解读以及学情的需求有关。在这里分享一段我两次教课文《母鸡》的经历。

某天，我听到几位教师讨论《母鸡》（四年级下册）的教学，身为母亲，我想起平时自己与儿子的交流，以及在与家长聊天中了解的亲子沟通中的困惑，因此有感而发，母亲对孩子生活上的照料、关怀，孩子还是能够感受到的，母亲和孩子之间最大的分歧是教育上的沟通。如母亲多次叮嘱，孩子反嫌唠叨。文章中"它教鸡雏们啄食，掘地，用土洗澡，一天不知教多少次"，不正是母亲或班主任教育孩子时的唠叨吗？这是很好的工具性和人文性的结合点。几位班主任和做了母亲的教师听我这么说纷纷应和，要我上这堂课。

课文的作者通过对母鸡行为、叫声的描述，表达了对母鸡从讨厌到敬畏的情感变化。显然，行为描写比较感性易懂，教学中可以将其转换成图片场景作为课堂情感体验场，但如何感悟叫声中包含的情感是教学的难点。基于这样的思考，这节课的教学目标也就随之形成：

1. 通过盘点母鸡叫声和行为的词语，厘清课文对母鸡从讨厌到敬畏的写作脉络。

2. 通过母鸡的叫声、行为感受伟大的母爱。

3. 以母鸡行为场景创设情感体验场，想象"它教鸡雏们啄食、掘土，用土洗澡，一天不知教多少次"的语言，体悟母亲辅导、批评、鼓励、安慰、叮嘱孩子背后隐含的深沉的爱。

我的课上完了，反响挺好。很明显，我是将核心目标定位在感悟，抓住师生认知差异的契机，把触角延伸到了学生的生活，帮助学生将课文与自己的生活实际相联系，促进了文本语言的"成活"。

一晃三年过去，我又一次教四年级，再次遇到《母鸡》这一课，这个班原有的写作基础引起了我极大的关注。反思前一稿设计，目标的选择虽基于学情，但从学习语言形式的角度看，在课堂中，学生写的内容虽然丰富，但是略显机械。怎样引导学生在课文语境中领悟本文通过动作、联想等细节展开场面描写的语言特点？怎样引领学生在语言的建构和运用中掌握规律，实现"质的增值"？这是当下学情最需要解决的。因此，我将本课教学的核心目标定位成了积累：

1. 感受课文通过动作、联想等细节描写场面。

2. 借助批注，结合动作、叫声的细节、联想等体会负责、慈爱、勇敢、辛苦。

3. 以言表意，转换课文场景或自己展开想象，描写一个场面。

基于这样的教学目标，这一堂课果然大获成功！在课上，一层层目标形成一个由浅入深的持续动态发展的过程：基于学生原有的认知与文本语言的差异冲突，让他们去探究并发现文字背后的奥秘，习得语言形式；在学生发现了这些奥秘后，让学生借助文本语言范例"举一反一"，通过批注进一步关注文中的场面描写，使之内化为学生自己的语言；然后以言表意，及时让学生巩固并运用这样的方法。

### 三、指向核心的目标统整

确定了一篇课文的核心目标并不意味着不顾其他目标，只不过是制定的目标核心有所侧重。每篇课文的教学要以核心目标为主，其他目标指向并围绕核心目标，相互融合，形成板块，在学习活动上连贯落实，螺旋推进，发挥整体效应。以下从三个方面分别加以阐述。

第一，以感悟为主的目标统整。

情感体验由浅入深分入情、动情、移情、抒情四个层次，这也构成了以"感悟"为核心目标的课文统整的基本线索。

以五年级上册《少年中国说》为例，学习的核心目标为感悟"少年强则国强"的责任担当，激发中国少年"前途似海，来日方长"的自信与壮志。其中，有感情地朗读课文、背诵课文，借助注释和资料理解课文内容以及文中系列有特色的词组等目标就围绕"感悟"这一核心，由浅入深，实现目标统整。

入情。重点理解"红日初升，其道大光。河出伏流，一泻汪洋。潜龙腾渊，鳞爪飞扬。乳虎啸谷，百兽震惶。鹰隼试翼，风尘翕张。奇花初胎，矞矞皇皇。干将发硎，有作其芒"。

动情。发现这些词语的规律（前面初生，后面强大，意寓少年势力无敌；自然、动物、植物、事物，万事万物都是如此，意寓少年初生，但少年可畏）。

移情。品味"天戴其苍，地履其黄。纵有千古，横有八荒。前途似海，来日方长"的内蕴。（天地、时空、古今、中外，意含天佑华夏儿女。）

抒情。多种形式朗读、背诵《少年中国说》。

第二，以积累为核的目标统整。

积累包含两个层面，第一个层面是研读积累。但如果只是记住了不会运用，那是"消极积累"，所以积累还有第二个层面"活化运用"，即不但记住了，而且随时会运用，这就是所谓的"积极积累"。这就构成了以"积累"为核心目标的课文统整的基本线索。

以三年级上册《大青树下的小学》为例，文中描写孩子们上学、上课、课间活动的场景很有特色，如："早晨，从山坡上，从坪坝里，从一条条开着绒球花和太阳花的小路上，走来了许多小学生，有汉族的，有傣族的，有景颇族的，还有阿昌族和德昂族的。大家穿戴不同，来到学校，都成了好朋友。""同学们向在校园里欢唱的小鸟打招呼，向敬爱的老师问好，向高高飘扬的国旗敬礼。""这时候，窗外十分安静，树枝不摇了，鸟儿不叫了，蝴蝶停在花朵上，好像都在听同学们读课文。"这种同一个字词或词句接连反复使用，叫作类叠修辞法，是描写场面的方法之一。

类叠修辞法的运用可以使语言有音律上的美感，读起来朗朗上口，使描写的人物、事物更加生动形象。这正是教材所说的"有新鲜感的词语和句子"。因此，积累运用这种"有新鲜感的词句"就是本课核心目标的落脚点。

研读积累。了解民族学校的特点（穿戴、地域、学校钟声等不同，但同样有礼貌，同样认真上课，下课同样活跃），发现并积累多种类叠

21

的语言形式(结构相似，短句间并列关系，节奏感强)，语境中识字。

迁移运用。运用类叠的方式写写课间操场上的场景(如从……从……，有的……有的……)。然后对照课文("这些内容课文为什么不写")，渗透课文详略得当的布局谋篇。

这样，感悟、运用等学习目标融合其中，水到渠成。

第三，以运用为核的目标统整。

以复述为例，纵观复述目标，二年级复述的目标是把故事讲清楚、讲完整，可以用自己的话来说。三年级的学习目标是在此基础上抓住关键的语句把故事讲得生动有趣，为高年级创造性复述打下基础。这正好契合了复述的三个层次"讲清楚、讲生动、创造性复述"。把握了这样的目标进阶，教学就不会因拔苗助长而使学生有畏难之心，也不会因原地踏步造成学生失去"跳一跳摘果子"的乐趣。

## 第二节　理解与把握教材整体结构

通过以上对课程标准的解读与梳理，我们基本上可以把握一篇课文的目标在哪个范围，设计学习似乎容易多了。当我把这些研究成果和同校老师们分享时，老师们都非常激动，想在课堂一展身手，可真正走进课堂，他们又感到困难重重。一天，我执教了一节二年级下册的课文《神州谣》。课后，好几位老师找到我问：

"林老师，以'地图里的中国名片'来定位《神州谣》的人文主题太巧妙了，你是怎么想到的呢？"

"你是怎么想到以中国地形地图来串联整个学习过程的，接下来的课程教学还有什么中国名片吗？"

"你是怎么挖掘到这篇课文中的山字旁字串这个学习目标的？聚焦点太妙了！"

这一连串的问题引发我的深思，正如钟启泉教授所言"核心素养—课程标准(学科素养/跨学科素养)—单元设计—课时计划，这是课程发展与教学实践中环环相扣的链环,一线教师必须基于'核心素养'展开单元设计的创造"①。单元目标既是课程目标的基础单位,也是课时目标的背景条件。只有在单元目标的指引下,才不会把课时的目标碎片化,仅将其当作知识点来处置。也就是说,课程标准的解读梳理、系统对接是语文课程目标统整的一级聚焦,理解与把握教材整体结构,这是语文课程目标的二级聚焦。

我们就以《神州谣》这节课为例,谈一谈如何理解与把握教材整体结构。

## 一、人文主题的整合

《神州谣》位于二年级下册的识字单元,从人文主题看,这个单元有四篇文章,《神州谣》是以童谣的形式介绍祖国的壮丽河山和民族团结奋发的精神,《传统节日》以韵文的形式介绍了中国的传统节日及其习俗,《中国美食》以菜名短语的形式介绍了中国各地的特色菜及烹饪方式,《"贝"的故事》以自编小短文的形式介绍了"贝"字的来源以及演变。整个单元分别从地理、历法、汉字、美食四个角度介绍中国文化,向全世界展示一张张傲人的中国名片。因此,我就以"中国名片"来统整单元人文主题,分别从"地图里的中国名片""日历中的中国名片""舌尖上的中国名片""汉字中的中国名片"定位人文主题,借助一张张中国特色名片,让学生们感受中国魅力。

## 二、语文要素的进阶

统编教材在一、二年级集中编排了六个集中识字单元。初看,它们似乎互不关联,但如果把教材的六个识字单元和汉字构形规律联系起来,就会发现各识字单元蕴含的语文要素:一上"识字单元(一)"重在象形字的构字特点,"识字单元(二)"重在会意字的构字规律;一下"识字单元(一)"重在"加一加、减一减、换一换"等识字方法的综合运用,"识

---

① 钟启泉:《基于核心素养的课程发展:挑战与课题》,载《全球教育展望》,2016(1)。

字单元(二)"重在形声字偏旁部件的意义联系；二上的"识字单元"重在汉字相同偏旁的关联以及从字到词再到句的内在意义联系；二下的"识字单元"重在汉字的演变。这些语文要素指向的是可迁移的识字能力，而且相互关联，并不孤立。见表2-3：

表 2-3　统编教材识字单元语文要素的分析与提炼①

| 识字单元 | 语文要素 | 具体说明 |
|---|---|---|
| 一年级上册识字单元(一) | 象形字的构字规律 | 1. 感受汉字文化魅力(《天地人》《金木水火土》)；2. 理解象形字的特点(《口耳目》)；3. 分层次、系统地探究象形字特点(《日月水火》)；4. 根据象形的特点展开自主识字(《对韵歌》)。 |
| 一年级上册识字单元(二) | 会意字的构字规律 | 1. 初步了解会意字的特点(《画》)；2. 了解会意字的特点(《大小多少》《小书包》)；3. 了解会意字的几种造字方式(《日月明》)；4. 运用会意字的构字特点识字(《升国旗》)。 |
| 一年级下册识字单元(一) | 多种识字方法的运用 | 1. 字族识字(《小青蛙》)；2. 加一加，换一换，减一减(《姓氏歌》《猜谜语》"识字加油站")；3. 语境识字(《春夏秋冬》)。 |
| 一年级下册识字单元(二) | 形声字的构字规律 | 1. 理解同类部件的意义联系(《人之初》)；2. 探究基本部件的构字规律(《动物儿歌》《古对今》)；3. 运用部件联系特点自主识字(《操场上》)。 |
| 二年级上册识字单元 | 汉字的内在意义联系 | 1. 理解偏旁的意义联系(《场景歌》)；2. 探究字到词到句子的内在意义联系(《树之歌》《拍手歌》)；3. 运用字的内在意义联系的特点识字学文(《田家四季歌》)。 |
| 二年级下册识字单元 | 汉字的演变 | 1. 相同义符的引申(《神州谣》)；2. 声符示源的义音合成字(《传统节日》)；3. 相同部首的书写变体(《中国美食》)；4. 汉字的构意及其发展(《"贝"的故事》)。 |

　　从纵向上看，六个单元的语文要素与汉字构形文化一脉相承，每一个汉字都是有根可循的，这就是汉字的构形规律。

　　从横向上看，可以发现单元学习的一致性和整体性。以二年级下册

---

① 林乐珍：《大单元识字教学》，2~3 页，北京，教育科学出版社，2020。

识字单元为例了解"汉字的演变",可以分三个层级:第一,理解相同义符的引申(《神州谣》)以及声符示源的义音合成字(《传统节日》);第二,探究相同部首的书写变体(《中国美食》);第三,运用汉字的构意及其发展,学习汉字(《"贝"的故事》)。理解(知道是什么)、探究(明白怎么做)、运用(学会自己做),这是三个不同的水平层级逐步进阶,可以从不同的角度加深学生对汉字构字文化的了解,感受到汉字的趣味性。

### 三、"双要素"的统整

语文学科的基本特点是工具性与人文性的统一,统编教材也是按"双要素并行"来组织单元的。在分析主题统整与要素进阶的基础上,怎样凸显"双要素"统整的单元逻辑结构,促使学生通过整体性学习,巩固知识、发展能力、提升素养,这是语文课程目标统整中非常关键的一环。

以统编教材的六个识字单元为例,我们形成了以下"双要素"统整的单元整体学习任务。见表2-4:

表2-4 "大单元识字"单元整体学习任务设置表

| 人文主题 | 语文要素 | "双要素"统整的单元整体任务 |
| --- | --- | --- |
| 你了解汉字的世界吗? | 象形字的构字规律 | 说说绘本《奇妙的汉字世界》,选择几个象形字创编故事。 |
| 语文学习在哪里? | 会意字的构字规律 | 收纳"全科识字收纳袋",理一理,分分类。 |
| 汉字遇上游戏怎么玩? | 多种识字方法的运用 | 根据汉字特点做做、玩玩汉字游戏。 |
| 面向未来,今天怎么学? | 形声字偏旁的联系 | 贴一贴或写一写,分别补充"德智体美劳"能量棒。 |
| 你知道自然的密语吗? | 相同偏旁的关联以及字到词到句子的内在意义联系 | 介绍探秘之旅中的大自然密语。发现汉字密语,语言密语。 |
| 中国名片知多少? | 汉字的演变 | 制作一张中国名片。 |

说到这里,我们再来回应本节开头老师们提出的关于怎样设定《神州谣》课时目标的路径:

一级聚焦，对接课程标准。《神州谣》学习的核心目标为"感悟"。在韵文的诵读和理解中感受到祖国山川的伟大以及民族团结、奋发图强的精神，产生对民族团结的自豪和作为中华儿女的骄傲。

二级聚焦，对接教材整体结构。本单元的"感悟"的核心目标落脚点就是通过"制作一张中国名片"的单元学习，了解中国地形特点和传统节日节气习俗，能讲汉字的故事，了解中国美食，感受中国悠久的文化（见图 2-1）。

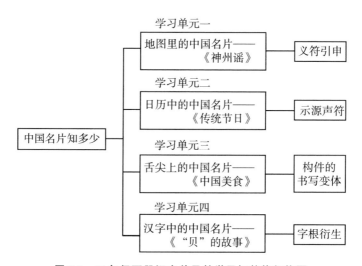

**图 2-1　二年级下册识字单元教学目标整体架构图**

基于此，我们再来看《神州谣》，前半部分写"山川美"，后半部分写"民族团结"。山字旁的字串，如峰、岳、岛、峡、岭、屿、峦等，三点水的字串，如海、江、溪、河、湖、洋、池、湾等，正是神州大地高高低低、各不相同的地形的写照，但课文为什么唯独写了珠峰、长城、长江、黄河？从文字层面看，珠峰耸、长城长、黄河奔、长江涌，颇有气势和特点；从文化角度看，珠峰、长城、长江、黄河蕴含着中华民族的精神：长江与黄河是我们的"母亲河"，在它们的两岸，有着数不尽的风光和讲不完的故事；长城，被称为"世界第八大奇迹"，是无数劳动人民的智慧和血汗凝聚而成，是世界古代史上最伟大的军事防御工程；珠穆朗玛峰是世界上最高的山峰，1960 年，中国登山队登上珠峰，让鲜艳的五星红旗飘扬在地球的最高处。长江、黄河、长城，还有珠峰上那面飘扬的五星红旗，是中华民族的图腾，是闪耀着的"中国名片"。

由此，我们可以定位《神州谣》的核心目标：通过制作"地图里的中国名片"，积累山字旁和三点水的字串，理解形声字义符引申的含义，感受祖国山川的伟大和民族团结奋发之情。

通过这样的层层聚焦，课时计划也就呼之欲出，以"地图里的中国名片"为题，以"中国地形地图"和"中国民族分布地图"为载体，可以形成以下学习线索：

入情，初读歌谣，了解神州山川美，齐奋发。

动情，认识"山"和"川"。学习山字旁、三点水的字串，补充资料，深入感悟"山川美"。

移情，体悟"各民族""齐奋发"。

抒情：完成"地图里的中国名片"作业、诵读歌谣。

只有从教材整体结构的范畴定位课时目标，纲举目张，才能更好地让学生掌握前移后拓的结构化知识。因此，人文主题的整合、语文要素的进阶、"双要素"的统整，是核心素养背景下语文课程目标的统整中非常重要的一环。

## 第三节　基于学情统整课标与教材

"解读与梳理课程标准"实现了语文课程统整宏观层面的一级聚集，"理解与把握教材整体结构"实现了语文课程目标的统整中观层面的二级聚焦。语文课程目标统整的最终落脚点在学情分析上，基于学情统整课标与教材是语文课程目标统整微观层面的三级聚焦，只有到了这个层面，才是真正的"实施的课程"。

### 一、学情分析的基本思路

说起学情分析，我们往往会对学生"原有认知水平"与"认知规律"进行分析，而恰恰忽略了最重要的学生"学习需求的分析"。其实，只有对学生"原有认知水平的分析"及"学习需求的分析"，才能最终确定"学生最需要学什么"。在此基础上，分析"学生的认知规律"，从而确定"怎么学更有效"（见图 2-2）。

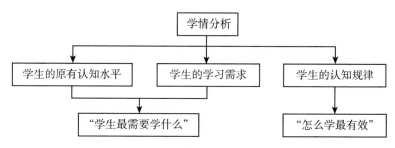

**图 2-2　学情分析基本路径图**

我们以四年级上册小古文《王戎不取道旁李》的目标统整改进为例：

原有认知水平：1. 生字"尝、诸、竞、唯"不是难点，但根据意思停顿会存在一定差异；2. 能结合注释大概理解故事情节和虚词"之"的代指；3. 能理解"树在道边而多子，此必苦李"的浅层原因，体会王戎的聪慧，但对这句话背后的思维方式的体悟有一定的差异。

认知规律：本课的核心目标为"感悟"，按照情感体验的认知规律，可以围绕"感悟"的核心目标，入情—动情—移情—抒情，设置目标梯度，层层深入。一位老师这样设定目标：

1. 初读课文，读正确；结合注释、插图，理解句意，初步了解王戎的聪慧。

2. 体会王戎冷静、有主见、善于思考的特点。

3. 联系生活实际理解"树在道边而多子，此必苦李"。

4. 背诵课文，阅读相关文章，进一步领会王戎的聪慧。

可以说，课程目标统整的一级聚焦、二级聚焦都是准确到位的。但对于四年级的学生来说，他们最需要学什么？具体而言，学生读了这个故事，体会到王戎很聪慧是这篇课文想要达到的最终目标吗？站在立德树人的角度，我们想启发学生生发什么感悟？从这一点上来说目标设定既要立足于学生的"最近发展区"，还要关注"最终发展区"。

## 二、学习需求的调研与分析

学习需求的分析是一个系统化的研究过程，分外在需求和内在需求两类。

第一，依据外在需求。

外在需求的调研与分析主要是解读社会对学生学习方面的需求，只有面向未来发展的需要，才能站得高，看得远，这就是我们所说的教育的"终极追求"。这种需求集中体现在国家颁布的《中国学生发展核心素养》以及课程标准等方面。这也回应了前面"学了这个故事，我们想启发孩子什么感悟"这个问题。

我们在第一章中讲过，核心素养体系中的"健康生活、责任担当"是教育的旨归。身处互联网时代，海量的信息和数据要求我们要教会学生独立判断，学会透过现象看本质。

事实上，阅读的全过程包括"前半程阅读"和"后半程阅读"。"解文"（了解故事情节）、"知人"（了解人物品质）是"前半程阅读"，"论世"、"察己"（借鉴、笃行），是"后半程阅读"。很明显，在上文《王戎不取道旁李》的课文学习中，文本的价值取向还仅仅停留在"解文""知人"的层面。其实，教材课后题"说说为什么'树在道边而多子，此必苦李'"也是希望我们在目标确定时能以文本为依托，引导学生"论世""察己"。

第二，发现内在的学习需求。

内在的需求是个性化的，学生的发展是从满足各自的内在学习需求开始的。在三年级，学生已经接触过古文《司马光》，对借助注释理解句意的古文学习方法有一定的基础，学习《王戎不取道旁李》时，学生需要做的是在此基础上进行巩固和运用，也就是学会借助注释、联系上下文等方法理解古文的意思。此外，阅读古文时正确停顿也是流利朗读课文的关键。

## 三、课标、教材与学情的统整

统整外在和内在需求，能够基本形成具体的学习目标。

我们仍以《王戎不取道旁李》一课为例，谈谈基于学情分析对课标、教材的目标统整的具体运用路径（见表2-5）。

表2-5 《王戎不取道旁李》基于学情分析统整目标路径表

| 课标规定"学什么" | 教材要我们"学什么" | 原有认知水平分析 | 学习需求的分析 | 学生最需要"学什么" | 目标的统整 |
|---|---|---|---|---|---|
| 理解生字词的意义，初步把握主要内容。 | 正确朗读课文。背诵课文。学习"戎"等5个生字。 | "尝、诸、竞、唯"有接触，不是难点。但根据意思停顿，会存在一定差异。 | 根据意思正确停顿，联系上下文理解"之"在不同语境的指代。 | 结合注释、联系上下文理解故事，通过字理分析、语境识字学习"戎"等5个生字。 | 人情：结合注释理解课文主要内容。 |
| 诵读优秀诗文，背诵优秀诗文。 | 能结合注释、理解故事情节，用自己的话讲故事。 | 能结合注释，大概理解故事情节。联系上下文理解、虚词"之"的代指。 | 善于思考、分析、判断，对课文中人物形象作出深入解读。 | 正确朗读、背诵故事，并能用自己的话说说这个故事。 | 动情：进一步理解、用自己的话讲故事、体会王戎很"聪慧"。 |
| 在诵读过程中体验情感、了解内容，了解作品中刻画的生动形象，并与他人交流感受。 | 理解为什么"树在道边多子，此必苦李"。 | 能理解"树在道而多子，此必苦李"的浅层原因，体会王戎的聪慧，但对这句话背后的思维方式的体悟有一定差异。 | 引导学生在生活学习中"论世""察己"。 | 对"树在道边多子，此必苦李"进行分析推理—判断、体悟善于思辨、独立判断的重要性。 | 移情：讨论分析"树在道边而多子，此必苦李"，体会思维的重要性。抒情：联读拓展相关文章，形成自己的思维导图。 |

说明：语文课程目标的统整是一个系统视野下的统整、感悟、积累、运用的目标也是统整的，分块进行分析只是为了阐述方便。

**[理一理]**

语文课程目标的统整是一个系统工作，如同我们要到达某个目的地，首先，要知道它位于哪个区域（一级聚焦）；其次，进一步明确它归属哪个单元以及在单元整体结构中的位置（二级聚焦）；最后，综合考虑准确到达目的地的方式（三级聚焦）。落实到实践中，有几个关键点（见图 2-3）。

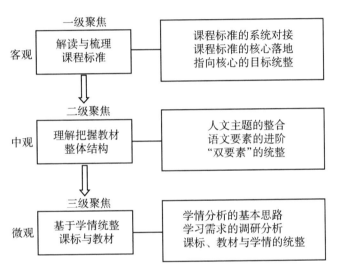

**图 2-3 语文课程目标的层级聚焦思路图**

**[做一做]**

从图 2-3 可以看出，三个层级目标自上而下逐步分化；自下而上不断整合，融为一体。每一步都有的放矢，可操作，为语文课程目标的统整提供了一个较清晰的思路。以下是《神州谣》教学实录，我们试着通过这节课说明如何基于学情分析统整课标、教材目标，策划一次工作坊研修活动。

地图里的中国名片——二年级下册《神州谣》教学实录

一、世界地图里的"我神州"

1. 了解"神州"，学习"州""洲"。

师：孩子们，我们刚刚见面，认识一下。从课件的信息中你知道林老师来自什么地方？

生：温州。

师：那你们这里是——

生：台州。

师：我们都是浙江省。浙江省的省会大家知道吗？告诉你们，是杭州。温州、台州、杭州里面都有一个"州"字。（课件出示"川"及其甲骨文。）我们前面学过一个字——

生：川。

师："川"是什么意思大家知道吗？

生：水流，大河大江。

师：对，"川"就是水流，水。大家再猜猜"州"大概是什么意思？

师：他第一个举手了，还有谁举手，我等待更多的小手举起来，猜错没关系，学习就要敢于错，敢于猜，敢于联系。"川"是水，那"州"呢？哇，好多小手举起来了。

生：湖。

生：瀑布流下来的水。

生：是中国。

生：会不会是绿洲的意思？

生：会不会是水上有三条小舟？

师：哈哈，越猜越接近了。

生：会不会是三只蚯蚓？

师：不管同学们说得对不对，总之我们发现了，它是水中的什么。林老师告诉大家，"州"就是水中的陆地。你们看（课件出示：世界地图），地球上有四大洋，四大洋之间的陆地我们也叫"洲"。为了区别，这个"洲"字就加上了三点水。所以七大洲就有了三点水的"洲"，"州"和"洲"都是指水中的陆地，其本义是一样的。

师：在七大洲里面，有一个洲叫——（课件出示：亚洲）

生：亚洲。

师：在亚洲的东部有一个国家叫——（课件出示：中华人民共和国）

生：中华人民共和国。

师：古称——

生（齐读）："神州"。

2. 初读课文，整体感知。

师：这节课我们就一起走进神州大地，请你打开课文，大声地朗读课文，争取读正确读通顺。

生：（自由读课文。）

师：大家准备得真充分。读了课文，你知道了什么？

生：我知道了我们的"神州"就是中华。

生：那个"山川美"，就是画里很美的意思。

师：真好，他读懂了"山川美，可入画"，那你能不能把这部分读给大家听呢？（板书：山川美。）

师：都举手了，最后一位同学你来。

生：我神州，称中华。山川美，可入画。黄河奔，长江涌。长城长，珠峰耸。

师：非常正确，除了山川美，你还读懂了什么？

生："台湾岛，隔海峡。与大陆，是一家"的意思是台湾是中国领土不可分割的一部分。

师：说得真好，掌声送给他。还有吗？

生："珠峰耸"的意思是有一个地方叫珠穆朗玛峰。

师：嗯，"耸"的意思就是高。那下面这一部分谁读懂了？你来说，孩子。

生："各民族，情谊浓"的意思是每个民族的情谊都是非常浓厚的。

师：对，各民族都很团结，是吗？各民族齐奋发，共繁荣。这一部分非常难读，生字很多。这样好不好，男孩子一齐来读一读，女孩子来做评委看看读准了没有。

生（男生齐读）：台湾岛，隔海峡。与大陆，是一家。各民族，情谊浓。齐奋发，共繁荣。

3. 多种形式读童谣。

师：真能干，孩子们，你们有没有发现这篇课文是"谣"，"谣"有自己独特的语言特点，你们刚才读的时候有没有发现它有什么特点？（课件圈出"谣"。）

生：好像有一种童谣的规律。

师：童谣是什么规律呢？

生：就是前面没有空两格，都是从线上开始的。

师：很整齐。

生：就是每个句子中都有一样的字。

师：你的意思是都是很简练的几个字，特别有节奏，对吗？

生：好像还很押韵。

师："押韵"都发现了。"称中华"后面押的第二句是什么呀？

生：可入画。

师：我们来对对看。"长江涌"押的是——

生：珠峰耸。

师：隔海峡——

生：是一家。

师：情谊浓——

生：共繁荣。

师：他说得真好，是押韵。那我们该怎么读？

生：我补充，其实整个诗都是三个字为一组，或者是六个字。

师：说得很对，不过它不是"诗"，我们叫它"谣"，歌谣，明白了没有？"谣"和"诗"不一样。谣有自己独特的节奏，你们听。（配乐：快板。）

师：我们一起来试试看。

生：（齐读。）

二、中国地形地图里的"山川美"

1. 感受"山"之姿态，归类识记山字旁的字。

师：让我们一起看看这一张中国地图（课件出示中国地图）。这就是神州大地，孩子们，你们仔细看，这又高又大的山，我们叫它"岳"（课件出示"岳"）。中华传统文化中有五座名山，我们称它们是——

生：五岳。

师：大家知道"五岳"是哪几座山？

生：泰山、衡山、恒山、嵩山、华山。

师：读 huà 山。

生：华山。

师：能不能把掌声送给我们的"小博士"呀？感谢你们的介绍，这就是五岳。继续看，这又高又险的山，我们称它是——峰（课件出示"峰"）。这一座就是同学刚才说的珠穆朗玛峰。而这座，小小的，但是顶上是尖尖的，我们称它是——峦（课件出示"峦"）。

生：我有补充，他说的山还有喜马拉雅山。

师：嗯，喜马拉雅山脉上面有一座珠峰。谢谢你的补充。好，孩子们，睁大眼睛继续看。这里有一个地方，它四面绕着水，这个地方我们叫它——

生：台湾岛。

师：真聪明，四面绕着水的地方叫"岛"。在林老师的家乡，有一个地方，也四面绕着水，可我们叫它——江心屿。你比比大小看看，"屿"和"岛"大小上面有什么不一样？

生："屿"小一点儿，"岛"大一点儿。

师：对，"岛"大，"屿"小。这和它们的面积有关系。

生：台湾岛是中国第一大岛，中国第二大岛是海南岛。

师：你的知识面可真丰富。你可真厉害，谢谢你！

师：孩子们，仔细观察这些地方，你发现了什么？（课件出示"峰、岳、峦、岛、屿"）

生：这些字都有山字旁。

师：你们发现了吗？中国的文字就这么神奇。考考你，这一个字你猜会是什么地方？（课件出示"峡"）

生：峡。

师：什么样的地方叫作"峡"？你看看这个字就能猜出来，其实刚才这位同学已经很厉害了，还差一点点，你来补充。

生：两座山中间叫"峡"。

师：两座山夹着的地方叫"峡"。如果两山之间夹着的是平地，就叫"峡谷"，如果夹着的是水，就叫——

生：海峡。

师：那在这一张地图上，你认为这三个词语应该怎么摆？（课件出示"海峡、大陆、台湾岛"）

师：好，谁最厉害我就请他当小老师。哇，你举手好辛苦，你来指指看。

生：（讨论把词语摆在相应的地图位置。）

师：这一条就叫——

生：台湾海峡。

师：所以课文中有一句话这样说——

生：台湾岛，隔海峡。与大陆，是一家。

师：看着这张图说说看。

生：台湾岛，隔海峡。与大陆，是一家。

师：你想说什么？

生：我觉得"隔海峡"的意思是大陆和台湾岛中间隔出一个海峡，因为它们离得很近。

师：说得非常好，我们一起来把这部分说一说，感受一下他刚才说隔得很近的含义。

生：台湾岛，隔海峡。与大陆，是一家。

师：孩子们，我们刚才一下就认识了这么多生字，现在同桌之间互相读读看。（课件出示：山字旁的字。）

生：（同桌互查，齐读。）

2. 感受"川"之态势，归类识记三点水的字。

师：看完山，我们继续去看看水（课件出示中国地图），这一条是中国最长的河，我们叫它长江，它滚滚向东流入东海。这一条是我们的母亲河，叫黄河。黄河向东流，最后注入渤海，这里有个海湾，叫渤海湾（课件依次出示：长江、黄河、东海、渤海湾）。大家睁大眼睛看，这些字你发现什么特点？

生：都是三点水，和水有关。

师：一学就会，我们班的"小博士"可真多。那我要问问大家了（出示"涌"字），这个字为什么也是三点水？

生：有一个人在水里游，上岸的时候身上有很多水。

师：是不是这样呢？我也不知道他猜得对不对，大家都先猜猜看。

生：我猜是海浪汹涌，三点水代表了水，所以才用了三点水偏旁。

师：我们班孩子真会学习。刚刚前面那个同学说游泳的泳（板书"泳"），不是这个"涌"，但他知道这字和水有关系。我倒是想给大家看一个视频，看看"涌"到底是什么意思？（播放视频）大家看到了吗，什么叫"涌"？

生：就是长江汹涌澎湃。

师：这个词都会说呀，我们一起积累起来。（出示"波涛汹涌""汹涌澎湃"）

生：（齐读）波涛汹涌、汹涌澎湃。

师：这就是长江水，大家刚刚读得多好，我们再试一遍，读出气势来。

生：（齐读。）

生：一般"涌"都是指水涌进大海。

师：是啊，一般指海水，很大。

生："涌"还可以引申为人群涌进哪里。

师：大家的掌声在哪里？（学生鼓掌）中国的文字除了是联系着的，它还可以延伸开来(板书：人群涌动)，我们一起把"小博士"说的词积累下来。

生：（齐读词语。）

师：学到这里，相信这句话大家一定会读得更好(出示"黄河奔，长江涌，长城长，珠峰竿")。大家练一练，把这种感觉读出来。

生：（自由读。）

师：现在谁能把这种气势读出来？今天没叫到的同学都站起来一起读吧。

生：（部分学生齐读。）

师：还不够有气势，我们全班一起来，一定能读出来。（播放视频，同时学生齐读。）

3. 领悟山川特色，理解"黄河、长江、长城、珠峰"的文化底蕴和民族精神。

师：刚才我们走进中国地形地图，认识了这么多的大山大河。

生：黄河的流向像"几"字。

师：你发现了它的形状，以后多观察地图，你能发现更多。大家刚刚都发现了很多，但有一处大家发现了吗？地图上有那么多大山大河，为什么课文独独选了这四个地方？

生：因为这四个地方是中国的特色。

师：他说是中国的特色，谁还有补充？

生：这四个是著名的地方。

师：" 著名的"这个词用得多好啊。

生：它们在我们中国是著名的景点。

生：它们都是很高很大的。

生：看到黄河我还想到了一首诗《登鹳雀楼》。

师：好，我们一起来背背看。

生：（齐背《登鹳雀楼》。）

师：黄河给你什么样的感觉？

生：有点大。

师：气势恢宏。

生：珠穆朗玛峰是世界最高峰，所以会被列入。

师：孩子们都说得非常好，林老师再请大家看一个小视频，通过视频，你们能进一步体会到你们刚才所说的。（播放视频，配音：远观中国地图，这两条蜿蜒曲折的长河，就是长江与黄河。它们从青藏高原出发，汇集成波涛滚滚的大江，最后汇入大海。在它们的两岸，有着数不尽的风光，有讲不完的故事。它们是我们的"母亲河"。汹涌澎湃，奔流不息。长城，被称为"世界第八大奇迹"。万里长城，是劳动人民的智慧和血汗凝聚而成。它是世界古代史上最伟大的军事防御工程。珠穆朗玛峰是世界上最高的山峰。因为空气稀薄，常年覆盖着冰雪，无数冒险者对它发起了挑战。1953 年，人类第一次登上珠穆朗玛峰；1960 年，中国登山队从更加困难的北坡登上峰顶，让鲜艳的五星红旗飘扬在地球的最高处。长江、黄河、长城，还有珠峰上那面飘扬的五星红旗，它们，是中华民族的图腾，是闪耀着的中国名片。）大家看完后，有什么话要说？

生：长江、黄河、长城，还有珠峰上的那一面鲜艳的五星红旗都是中国的名片。

生：长城又称万里长城，它不仅长度长，而且它的历史也非常长。

生：珠穆朗玛峰高约 8848 米，它很高。

生：长江、黄河、长城，还有珠峰上的那一面鲜艳的五星红旗，是我们中华民族的图腾。

生：我知道黄河是我们的母亲河。

师：你说得对，老师告诉大家，黄河两岸的气候非常适宜植物的生长，所以我们称黄河为"母亲河"。那么讲到这现在大家能不能明白课文为什么写了这四个地方？

生：就是因为长江、黄河、长城，还有珠峰上的那一面鲜艳的五星红旗是中国的名片。

4. 感情朗读，致敬祖国。

师：让我们自豪地告诉全世界——

生：（齐读。）

师：掌声送给自己。（学生鼓掌）孩子们，很多时候表达我们的自豪感不一定要大声，你看这样也能够表达这种铿锵有力的气势，（教师范读）大家来试试看。

生：（齐读。）

师：请所有同学起立，让我们一起向国旗献礼。挺起后背，自豪地、铿锵有力地告诉世界，向我们的国旗献礼。

生：（配乐齐读。）

三、民族分布地图中的"共繁荣"

师：下节课，我们将继续学习这张地图，（课件出示中国民族分布地图）。看一看这张地图里面，我们又能找到哪些中国名片呢？

四、指导写字

师：现在来看一看这节课要学写的生字，（课件出示田字格中的"州""湾""岛""峡"）哪些地方需要提醒大家？

生："峡"的右边"夹"字下面的那一横要在横中线下面一点点，不是压线的。

师：提醒得真好，注意关键笔画在横中线、竖中线的位置（课件出示横中线、竖中线）。

生："州"字的关键笔画是中间的那个短竖。

师：是的，除了这些，我们在写字的时候还要注意字的间架结构，看看要注意什么？（课件出示不同颜色的色块结构。）

生：要注意左窄右宽。

师：是的，"岛"字呢？

生："岛"字中的"山"要写得小一点。

师：都注意到了吗？那么描一个写一个。

（课件出示评价标准：书写正确；注意间架结构；写好关键笔画。）

师：现在静下心来，我要检查一下谁的写字姿势最正确。头正，身直，脚放平。

生：（书写生字，教师纠正坐姿。）

师：写完之后，找同桌互相评一评。写正确，一颗星；间架结构写对了，两颗星；关键笔画写好了，三颗星。有不满意的地方再写一个。

师：这节课我们就上到这。放下笔把东西整理好，然后把椅子推进桌子底下。这叫课后整理，看看谁做得最棒。孩子们再见！

第三章

# 语文课程内容的统整

　　语文课程目标的统整必然带来课程要素的升级，升级之一就是语文课程内容的统整。

　　如果把语文课程内容的统整看作构建一个"体"，那一个个单元内容的统整就是其中的"面"，而一篇篇课文内容的统整就像一个个"面"中间纵横交错的"线"。由此，考虑语文课程内容的统整应回答以下几个问题：

　　一是如何有机联系单篇课文中零散的知识"点"，将其串联成语文课堂内容的"线"？

　　二是一篇篇课文内容的"线"，如何形成单元内容的"面"？

　　三是若干个单元内容的"面"，如何共同构成有层次、有结构的语文课程内容的"体"？

　　本章我们就从单篇课文的统整（连点成线）、单元学习的统整（连线成面）以及多元资源的统整（连面成体）三个层级展开阐述。

## 第一节　单篇课文的统整

　　单篇课文的统整是语文课程内容统整中最基本、最重要的课程建设。从理解、研究、创新等不同层面可以有以下几种统整的方法。

### 一、借助导学提示统整

　　小学语文统编教材通过简洁的单元导语、课后题等导学系统体现了编写意图，指明了课改的方向。其导学提示的最大特点是明示了内容，暗示了方法，隐示了情境，较好地实现了课程的教材化，为教师实现教材教学化提供了很好的抓手。因此，深入理解、研究这些导学提示之间的内在逻辑，准确聚焦、设计转化路径，能较好地实现单篇课文的统整。

　　第一，以明示的内容为核。

　　比如二年级下册《雷雨》一课，课后题"说说雷雨前、雷雨中和雷雨后景色的变化。背诵课文"，明确指出了这一课的学习内容，"变化"就是整篇课文的核心内容，以"变化"为线索可以进行如下的内容统整。

板块一：看变化。摆一摆几幅图的顺序，厘清脉络。

板块二：说变化。进一步品读雷雨前，天上、地下的景色变化；雷雨中，雨从小到大，雷声、雨声从大到小的变化；雷雨后，景物的前后变化。在这个过程中跟随语境识字、积累语言。抓住这些信息，背诵课文也就水到渠成了。

这样，围绕"变化"就能很好地实现课文内容"点"的统整。

其二，以暗示的方法为核。

以一年级下册《荷叶圆圆》为例，课后题"连一连，说一说"，其实暗示了抓住这些关键信息理解、积累、背诵课文的方法，教学中就可以此为核心切入，进行内容的统整。

板块一：谁和荷叶交朋友？

板块二：怎么交朋友？多种句式表达，如：荷叶是（　　）的（　　）；荷叶就像（　　）的（　　）；（　　）说："荷叶是我的（　　）。"

板块三：为什么是好朋友？找找理由，演一演。如：小水珠躺在荷叶上，眨着亮晶晶的眼睛。

板块四：连起来说一说，积累语言、背诵课文并迁移运用。

这样，循着"连一连"的方法线索，零碎的知识点统整成了板块，螺旋推进。

其三，以隐示的情境为核。

二年级下册《太空生活趣事多》的课后题"朗读课文。说说太空生活有哪些有趣的事情"，就隐示了做小小解说员的生活情景。由此，可以统整内容板块如下。

板块一：说清楚。太空生活有哪些趣事，又有哪些困难，人们应怎么解决？抓住主要信息形成板书。

板块二：说生动、吸引人。可以图文结合，还可以有一些创造性的语言，如"天哪……这样撞上去就糟了"，等等。

板块三：出示视频。同桌合作说说其他趣事。

再比如二年级上册《狐假虎威》"说说'狐假虎威'这个成语的意思"和"分角色演一演这个故事，试着把这些词语的意思表现出来"的课后题就隐示了讲故事、表演故事的情境。

板块一：说说故事大意，理解"狐假虎威"的意思。

板块二：表演故事情节。

1. 你演我猜，理解并积累四字词语。

2. 表演狐狸的动作、语言，随机运用四字词语。

3. 分角色扮演老虎和狐狸。

板块三：从表演中体悟寓意。说一说，到底是老虎厉害还是狐狸厉害？

总之，统编教材中像这样的明示内容、暗示方法、隐示情境的导学提示还有很多，只要我们善于挖掘、领会，巧妙统整，就能实现内容的结构化。

## 二、融合文本层次统整

统编教材"好教"，但"教好"不容易，从"教材"走向"学材"，还需要我们进行适应性的改造。例举几篇课文的相关导学提示：

《升国旗》(一年级上册)：朗读课文。背诵课文。

《树之歌》(二年级上册)：①朗读课文。背诵课文。②读一读，记一记。泡桐、白桦、云杉、翠柏、桂花、枫叶、松子、白果。③读一读，想想下面几句话的意思。十年树木，百年树人。树高百尺，叶落归根。树无根不长，人无志不立。

《田家四季歌》(二年级上册)：①朗读课文，背诵课文。②读一读，记一记。播种、插秧、耕田、采桑、除草、割麦、打谷、积肥。

初读这些导学提示，我们似乎很难找到内容统整的核心。这时候，最好的办法就是回到文本，结合导学提示和文本解读，转化课文的教学价值。

文本的多层次结构理论认为，每个文本都包含语象层、语体层、语义层三个层次。语象层、语体层、语义层构成了文本整体。[①] 在统整单篇课文内容的时候,我们可以抓住文本教学价值中尤为凸显的某个层面,将其作为核心层,其他文本层次内容围绕并指向核心层,形成板块,实现课程内容的统整。以下分三种情况分别阐述。

第一种情况,以语象层为核。

语象,顾名思义,是指课文情境、意象,如课文描述的主要事物、情节等。以前面提到的《田家四季歌》为例,课文描述了田家四季的景象,结合导学提示会发现,田家农事就是一条语象主线:

看到的农事。文中描述的"桑叶肥、采桑、插秧"等场景中的"桑、采、插"等生字的字理均有"手"的部件,我们可从中体会到田家生活的忙碌。同时,从"归来戴月光、谷像黄金粒粒香、一年农事了"等场景中也可以体现出田家的忙碌。

想到的农事。把田家四季联系起来,可以想到很多隐含着的农事,如课后题"割麦、耕田"等。细细品味这些农事,会发现农事中包含的构字规律,有的与农具有关,如"割、耕"。有的与劳作有关,如"播种、插秧"等。引导学生发现这些问题,既可以帮助他们形成识字组块,又使其进一步体会到农民的辛劳。

悟到农事后的喜悦。"身体虽辛苦,心里喜洋洋""一年农事了,大家笑盈盈",忙碌的农事,农家人忙并快乐着。

这样一分析,"看一看田家四季的场景""想一想田家农事""悟一悟田家人的心情"的内容板块就应运而生了,学生可以循着这条线索深入学习。

第二种情况,以语体层为核。

语体,即课文的语言现象,语段、句群到篇章结构特点等。以上述《树之歌》为例,课文中多种类型的树木,名称各异,习性不一,背后隐藏的形声字的规律。将树木名称串联起来,形成木字旁的一串字串,课

---

① 王惠:《曹明海文本三层次结构理论探析》,载《西部皮革》,2016(18)。

后题的第一组词语是相关树种中的一种，第二组词语是和树相关的事物，其偏旁也是木字旁，从中可以发现相同偏旁汉字的关联；再把字、词、句子联系起来，又会发现汉字从字到词到句子的内在意义关联。这是本课很重要的语言现象。因此，我们就以此为核心展开内容的统整。

板块一：读读《树之歌》，圈一下树名，找一下木字旁的字。

板块二：读读拓展的词语，发现树的秘密（种类、构造）。

板块三：将这些词语贴在图上相应的树的图片位置（根据课文，拓展资料，了解不同树的特点）。理解与树相关的句子。

板块四：拓展花的秘密，《十二月花名歌》，巩固以上能力。

第三种情况，以语义层为核。

语义，即教材文本负载的情感与理思，需要我们引领学生从"懂"到"悟"，再到"做"。一年级上册的《升国旗》短小精练，朗朗上口的童谣却承载着满满的爱国主义教育情怀。因此，以语义层为核，可以形成这么几个板块的内容。

板块一：认识国旗的外形。（中国、国旗、五星红旗，学习"国、旗、红、美丽"等生字。）

板块二：了解国旗的内涵。补充新中国成立及国旗诞生等资料，知道国旗代表国家以及国旗各部分的寓意等，并从"国字框"的字理中感悟祖国领土不可侵犯。

板块三：体悟升国旗的庄严。在国歌声中观看五星红旗升起的视频，向国旗敬礼。

需要再次强调的是文本的语象层、语体层、语义层本身就是文本的统一体，我们确定以某个层次为核心，并不意味着这节课不关注其他层次的内容，而是其他层次的内容指向并围绕核心层，拧成一股绳，共同向前推进。这也是核心素养导向下摆在语文教师面前的重要任务。

### 三、联结情境生成统整

学生的语文素养发展不是线性的，而是立体的。教材作为语文课程内容的重要载体，可能也会有缺憾和不足。因此，教师要善于联结不同文体的学习、不同学科、不同生活情景，加以创造，生成统整。可以有以下几种做法。

做法一，文体关联。

不同文体可以关联，相互融通，完成统整。比如二年级上册的《雾在哪里》，就可以将其活化为儿童诗的形式展开教学。

板块一：把握课文主要信息，提供第一个小助手：雾娃娃，_____。/他把_____藏起来。形成四小节的儿童诗。

板块二：提供第二个小助手：无论_____还是_____，/都_____。图文结合，说一说，在品读课文的基础上丰满四小节的儿童诗。

板块三：发散拓展，模仿写儿童诗。

当学习内容循着儿童诗的线索展开时，知识更系统了，内容也更结构化了。

做法二，跨学科串联。

核心素养是综合性的。因此，打破学科界限，立足全学科视野，让学生在多学科串联中加深理解，也是生成统整的好思路。比如三年级上册《搭船的鸟》一课，就可以借助信息学科"制作微信头像"的情境，让学生在实践中促进知识、能力、情感、思想与价值的深度整合。

板块一：填写名片信息。包括名称、外貌特点、特长，从而概括课文主要内容。

板块二：添加名片头像。品读翠鸟外貌，选择翠鸟照片，给名片加头像。

板块三：变化动态头像。研读翠鸟捕鱼的语句，制作翠鸟捕鱼动态图。

板块四：添加头像背景。观察可以通过眼睛看，还可以通过耳朵听，理解多感官观察。

这样，以观察为核，串联了语文、美术、信息技术等多个学科，学生在进行"制作微信头像"的过程中，发现原来观察可以用眼睛看、耳朵听，还可以闻、触、尝等多感官感受。

## 第二节　学习单元的统整

如果在单篇课文的课堂教学上都做得非常完美，但不关注课文之间的联系，那么，语文也会失去学科课程的完整性与系统性。因此，语文课程内容的统整不仅仅要追求将单篇课文学习内容形成合力，还要做到"瞻前顾后"与"左顾右盼"，善于发现横向的贯通、纵向的进阶、旁向的勾连，通过知识的融会贯通，将内容单元转化为学习单元。

### 一、横向贯通成体系

从内容单元到学习单元的转化最关键的是发现具有内在联系的知识点，将知识统整成一个体系。以下列举几种横向贯通的思维路径。

路径一，找共性联系。

一篇篇课文作为一个单元中的组成部分，它们之间通常都有一定的内在联系。对于相互关联的多个知识点而言，找到它们共同的规律，形成知识链，就能达成整合延伸之效。

如描写祖国风景区的文章，二年级上册有一组《黄山奇石》《日月潭》《葡萄沟》，三年级上册也有一组《富饶的西沙群岛》《海滨小城》《美丽的小兴安岭》。我们来看看这几篇课文之间的共同特质，从语言表达上说，几篇课义都是先介绍地方，再从儿个方面介绍它们的特点。基于这样的共同特质，就可以形成以下的学习单元。

学习单元一：学习《黄山奇石》。①初步了解课文主要信息，形成思维导图的主干，地址、怪石。②学习怪石。随着一个个部分学习的展开，不断展开导图的第二层枝干。

学习单元二：学习《日月潭》《葡萄沟》时，也应根据学习板块的推进一层层形成思维导图。这一张张思维导图既体现了阅读策略，又可以让学生借助导图复述、背诵(见图3-1)。

学习单元三：在单元学习的基础上，整合三张思维导图，引导学生发现其中的共性，介绍某个地方可以先介绍这个地方在哪里，然后从几个方面进行介绍。这样的写作范式，在日后介绍某一地方时就可以迁移运用。

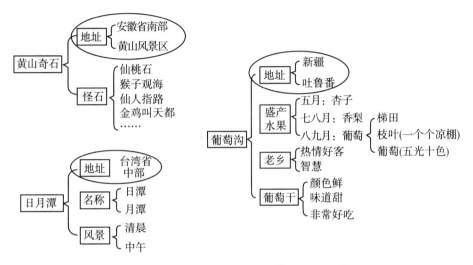

图3-1 《黄山奇石》《日月潭》《葡萄沟》课文架构图

综上，相似的知识点被归纳起来，形成一个群、一个组织、一条线索，学生通过归纳，在大脑中构成一个同类知识的框架。今后一提到描写风景区，他们就会连带着将组成线索的所有点都找出来，这对学习来说有着事半功倍的效果。

路径二，找知识的发散中心。

所有的知识都有一个发射点，也就是原始起点，从这一起点出发，我们可以到达不同的地点。因此，找到知识发散中心，让每一个知识都有根可循，就能让学习内容更加结构化。

二年级下册第七单元有四篇文章：《大象的耳朵》《蜘蛛开店》《青蛙卖泥塘》《小毛虫》，单元写话的内容为"如果可以养小动物，你想养什么？写写你的理由，试着多写几条"。

初看，这几课没什么关联。其实，这个写话正是这个单元内容的发散中心。"我想养只小动物"应该包括两方面的理由。视角一，小动物本身很可爱,《大象的耳朵》让我们知道不同动物有不同的特点,《蜘蛛开店》让我们了解不同动物的外貌不同,《青蛙卖泥塘》又让我们体会到了动物们各不相同的生活习性,《小毛虫》诠释了动物的生长蜕变的过程。从这个角度出发,可以述说"我想养只小动物"的理由。视角二,是我自己已经做好了养的准备,因此,有必要补充资料。比如课外绘本读物《我要大蜥蜴》就通过阿力和妈妈的对话写了许多阿力要养大蜥蜴的理由。这样,所有的知识均围绕写话这个发散点,形成了单元统整结构。

学习单元一:小动物很可爱。在课文的学习中了解了各种动物的不同特点,喜欢小动物。试着写写我想养小动物的理由,按几方面整理。在此基础上,回顾单元课文,发现小动物特性,继续补充理由,形成理由图的第一部分。

学习单元二:我已经做好养小动物的准备了。补充阅读《我要大蜥蜴》,学习"阿力想养只大蜥蜴"的理由:我需要一个新朋友(精神需求);我会非常尽力去清理我的房间和大蜥蜴的笼子(会自己照顾);我会用自己的零用钱来买莴苣(有能力养)。继续补充理由,形成理由图的第二部分。

这样的学习内容,从中心出发,纲举目张,形成一条贯串前后的线索,使学生更系统地学习了知识。

路径三,找总分关系。

单元的统整还可以挖掘内容之间的总分关联,形成学习单元,以达到连线串珠、化零为整的效果。

以一年级下册识字单元(二)为例,《人之初》节选自《三字经》,讲述了孩子从小学习的重要性。顺着《三字经》,链接"古今为学"会发现,《三字经》中的"人不学,不知义""蜂酿蜜,蚕吐丝""三才者,天地人,三光者,日月星""曰春夏,曰秋冬,此四时,运不穷"刚好与这个单元的几篇课文相互对应,诠释着古往今来人们对儿童"全面发展"的共同追求。这样一关联,就可以形成以《三字经》为统领主题的学习单元"面向未来,今天怎么学":立"德"——《人之初》;寻"美"——《动物儿歌》;

探"智"——《古对今》；健"体"——《操场上》。最后补充劳动教育。整个学习单元体现了新时期培养德智体美劳全面发展的社会主义建设者和接班人的价值观。

同样，二年级上册识字单元的四篇课文，其主题都与自然有关，其中《场景歌》描述了少先队员去海边、乡村、山林的"探秘之旅"，恰恰可以作为本单元的大情境，自然而然带出后面三个学习单元。我们就以"你知道大自然的密语吗"为主题，形成本单元新的整合与架构：开启自然之旅——探寻自然密语（森林密语——《树之歌》；动物密语——《拍手歌》；田家密语——《田家四季歌》）。

行文到此，需要说明的是，横向贯通统整学习单元内容时，找共性联系、找总分关系、找知识发散中心的策略并非孤立，这里只是提供了几种统整的思维方式而已，在运用的过程中，很多时候是需要同步思考的。

## 二、纵向梳理找进阶

进阶，顾名思义，就是从低级到高级，包括单元内部的内容递承和单元之间的内容进阶。

其一，单元内递承。

知识具有连续性，许多小的知识点形成一个大的知识点。

比如四年级上册第二单元的语文要素主要是阅读时尝试从不同的角度去思考，提出自己的问题。纵观整个单元，我们可以发现几篇课文的前联后引：

第一层级：理解。《一个豆荚里的五粒豆》初步知道阅读时可以从不同角度提问。

第二层级：探究。《夜间飞行的秘密》进一步学习从课题和课文内容处提问，联系生活提问，从课文写法上提问，巩固从不同角度提问的语文要素。

第三层级：运用。《呼风唤雨的世纪》迁移运用从不同角度提问的方法进行提问，并学会评价什么问题才是好问题。《蝴蝶的家》综合运用提问的策略，将问题分类，选择有价值的问题尝试解决。

理解、探究、运用，正好回应了《语文园地》交流平台中总结的能力层级：第一层级，敢于问，阅读的时候要动脑筋思考，积极提出问题；第二层级，学会问，可以试着从不同角度提出问题，让自己的思考更加全面和深入，要筛选出最值得思考的问题，加深对文章内容的理解；第三层级，生活中迁移，要养成敢于提问，善于提问的习惯（见图3-2）。

核心问题：阅读时尝试从不同的角度去思考，提出自己的问题

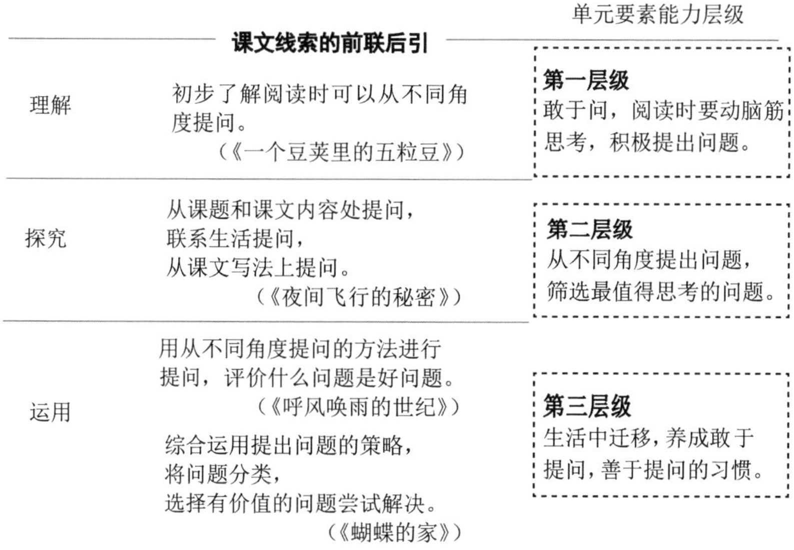

| | **课文线索的前联后引** | 单元要素能力层级 |
|---|---|---|
| 理解 | 初步了解阅读时可以从不同角度提问。<br>（《一个豆荚里的五粒豆》） | **第一层级**<br>敢于问，阅读时要动脑筋思考，积极提出问题。 |
| 探究 | 从课题和课文内容处提问，<br>联系生活提问，<br>从课文写法上提问。<br>（《夜间飞行的秘密》） | **第二层级**<br>从不同角度提出问题，筛选最值得思考的问题。 |
| 运用 | 用从不同角度提问的方法进行提问，评价什么问题是好问题。<br>（《呼风唤雨的世纪》）<br>综合运用提出问题的策略，<br>将问题分类，<br>选择有价值的问题尝试解决。<br>（《蝴蝶的家》） | **第三层级**<br>生活中迁移，养成敢于提问，善于提问的习惯。 |

**图3-2 四年级上册第二单元语文要素能力层级图**

明确了小知识点的指向以及大知识点得出的来龙去脉，再去设计单元中的《一个豆荚里的五粒豆》就能够准确把握了。

1. 初步了解故事写了什么。你有哪些问题，写在便利贴上。（小组交流，理一理。相同的问题去掉，可以从课文中找到答案的也去掉。）

2. 从提问的角度进行分类，形成提问策略的思维导图主干。（把便利贴上的问题贴在课文相应的位置，发现有的问题针对课文的一部分提问，有的问题针对全文提问。）

3. 继续了解提问角度，丰满思维导图。

第一，针对课文的部分内容提问，可以针对看似矛盾处提问，如课文说被青苔包裹的豌豆像"一个囚犯"，但它却长得很好，为什么？也可以针对特别有特点的语言处提问，如母亲为什么要把一株豌豆苗称为"一个小花园"呢？

第二，针对全文提出问题。（微课介绍：联系课题、开头提问，联系文章的结尾提问，联系上下文提问等。）

第三，试着提出更多问题，在不同的地方贴上便利贴。

4. 尝试读文，讨论答案。

综上，按照儿童身心发展的规律和学习语言的规律，帮助他们逐渐构建扎实的知识图式。

其二，单元间进阶。

我们从一个课例开始说起，四年级下册有一篇课文《宝葫芦的秘密（节选）》，一位老师这样教：

1. 揭示课题，直奔第一段，学习介绍自己的不同方法。"为什么不直接说我叫王葆，为什么这样介绍？"

2. 听故事。以图表梳理人物、情节，然后发现共同之处，都是"想要什么就得到什么"，王葆也幻想得宝。

3. 连起来讲一讲《宝葫芦的秘密（节选）》这个故事。

初看，没问题。但仔细回想，四年级下册这个单元这篇课文的学习内容应该定位在哪里？我们来看看教材几个单元的内容联结（见表3-1）

表 3-1　童话文体大单元

| 册次 | 单元要求 | 进阶 |
|---|---|---|
| 三年级上册 | 感受童话丰富的想象。试着自己编童话，写童话。 | 了解童话 |
| 三年级下册 | 了解故事的主要内容，复述故事。根据提示，展开想象，尝试编童话故事。 | 发挥想象<br>写故事 |
| 四年级下册 | 感受童话的奇妙，体会人物真善美的形象。按自己的想法新编故事。 | 创编童话 |

联系这三个单元的内容，会发现其中的进阶：初步了解童话—发挥想象，编写故事—创编童话。可见，这三个单元就是学习童话文体的"大单元"。站在这样的视角，再来看《宝葫芦的秘密（节选）》这篇课文，就能够准确定位其教学价值了。课后题 1 为"默读课文，说一说王葆为什么想得到一个宝葫芦"，反映的是童话故事体现美好愿景的文体特点；课后题 2 为"奶奶给王葆讲了哪些故事？选一个，根据已有内容创编故事，讲给同学听"，我们可以运用三年级学过的糖葫芦串式、按照故事情节推进等图式编一编，讲好故事；选做题为"当王葆真的得到了一个宝葫芦时，他逐渐认识到靠宝葫芦不劳而获，带给他的不是幸福，而是烦恼。这是怎么回事呢？感兴趣的同学可以读读《宝葫芦的秘密》这本书"，这是引导学生在课外继续阅读原著，从而进一步感受童话故事反映的都是真善美等美好品质。

故《宝葫芦的秘密（节选）》这篇课文中"奶奶讲了哪些故事"就不能仅停留在简单的"以图表梳理人物、情节，发现共同之处"上，而应尝试创编，把新编的故事讲给同学听，在语言的建构与运用中发展学科核心素养。

1. 了解故事的主要内容。如主人公是谁，他有什么愿望，围绕他发生了什么事情？（形成表格，发现共同之处。共同点一为结果一样：想要什么就有什么，这是宝葫芦的秘密之一；共同点二，都有一个共同的宝物"宝葫芦"，这也是童话故事的特点，很多童话故事都有一个神奇的载体。）

2. 了解王葆想得到一个宝葫芦的原因。选择一个故事，根据表格框架，以及三年级学过的童话故事情节安排方法新编故事。

3. 体会童话故事的真善美。交流故事，为什么王葆真的得到一个宝葫芦时，带给他的并不是幸福，而是烦恼？读原著，找寻宝葫芦真正的秘密。

综上，从课文中来，在学生自主建构后，再次回到原著，进一步体会童话故事的创作秘密，除了奇思妙想还有正能量，进一步回应了"体会真善美的人物形象"单元主题。使童话文体学习的整个内容形成了一个环环相扣的闭环。

### 三、旁向勾连再拓展

教读、自读、课外阅读的体系,其实反映了统编教材课外阅读课程化的编写理念。如何立足课程,把教读、自读和课外阅读三者结合融为一体是语文课程内容统整的重要关注点。例举几种做法。

做法一:归类拓展。

学习是基于原有认知基础的,语文课程内容的统整要善于基于一个点,调动学生原有认知,帮助学生归类拓展。

比如一年级上册学习拼音 g,k,h 时,教材穿插了儿歌《说话》,即在语境中巩固拼音学习。我们就以这种摹声词为核心展开课内外联结。

1. 大自然中还有什么会说话,如:"风娃娃说话,呼呼,呼呼。小白马说话,哒哒,哒哒。小花鼓说话,咚咚,咚咚。小黄鸡说话,叽叽,叽叽。"

2. 像这样的声音还有很多,我们前几天读到的《小猪唏哩呼噜》,回忆一下小猪会发出哪些声音?(吃饭时呱唧呱唧,喝汤时呼噜呼噜,累得喘气时呼哧呼哧,掉进树丛时哗啦哗啦)课外再去读一读,找一找。

这样,既巩固了拼音,丰富了学生的语言储备,又激发了学生的课外阅读兴趣。

做法二:群文阅读。

现代图式理论认为,不少写作能力较弱的学生,其实既不缺少作文材料类的陈述性知识,也不缺少写作怎样审题、立意等程序性知识,而是对作文写完以后应该是什么样子缺乏认知。学生心中没有可激活的心理"图式",再生动的情境也难做到意出言随。因此,要想从根本上解决写作上所存在的问题,就必须激活并构建恰当的"写作图式"。

比如一年级下册的《小猴子下山》在语言上很有特色,像这种糖葫芦串式的故事很多,因此教学中有必要从这个点切入,帮助学生形成知识组块。

板块一：研读中积累动作的词语以及又（　　）又（　　）的词语。

板块二：引导学生抓住关键词语说说"小猴子来到玉米地"的情节，从而发现故事结构都是"小猴子来到什么地方，看见什么？应该怎么做"，然后同桌合作按这样的方法说说其他几个情节。

板块三：像这样的故事还有哪些？如课文《小壁虎借尾巴》，课外读物《蛤蟆爷爷的秘诀》《鸭子骑车记》《小猪变形记》等。

这样，糖葫芦串式的故事结构就会在学生的头脑中形成知识组块，随着他们今后的学习会不断完善、丰富，最终形成图式，到了中高段的写作过程中，他们就可以依据一定的"写作图式"提升写作能力。

做法三：迁移创编。

如果说归类拓展、群文阅读指向的是优质输入，那么迁移创编指向的就是优质输出。比如我们在教一年级上册《青蛙写诗》一文时就利用课文情境迁移创编：

1. 课内拓展。"青蛙写诗还会有谁来帮忙？"（蜗牛）探出了头说："我要给你当个（　　）。"/泥土上的（土豆）说："我能当个（　　）。"/绿叶上的（豌豆兄弟）说："我们可以当（　　）。"

2. 课外拓展。生活中还有谁可以帮忙做做小逗号、小句号和省略号呢？老师把这首诗放到班级微信群，小朋友可以回家继续观察，和爸爸妈妈一起编写。

这样的教学方法，不仅能传授那些片段的知识与技巧，而且能够让学生联系所学知识，并运用知识解决问题。

## 第三节　多元资源的统整

多元资源的统整就是将一个个单层、平面的单元"面"联结成系统的、有结构的"体"，其关键在于要有一个"核"。具体而言，就是要找出一个原点，拉出一条条线，化成一个个面，然后形成立体的多维结构。

所谓"工具性与人文性的统一，是语文课程的基本特点"①。细细琢磨，这句话包含三层含义，即工具人文的互通互融，着眼工具渗透人文，人文为基础落实工具。

## 一、工具人文互通互融

崔允漷教授曾以开车为例说明知识、技能、能力、素养的关系。这个例子有助于我们理解 21 世纪教育的关注点是仅教知识和技能吗？我们到底要培养什么样的人？培养什么样的人才能够适应 21 世纪的社会？②

其实，教师对课程的理解直接影响着学生最后获得的学习经验。语文课程内容的统整，工具和人文互通互融始终是其第一要义。

小学语文教材中童话故事的学习大多集中在低、中年级，后期即使再出现童话，其所承载的教学价值也不再是纯粹的学习童话文体了。因此，中学段童话故事学习单元有必要进一步深化，帮助学生整理童话故事的阅读策略，梳理童话故事的写作图式，帮助他们学习创编童话故事。为此，我们设置了"创作一本童话书"的项目任务。

一是，梳理童话文体特点。①童话可以分为两大类：一类是由作家创作的，另一类是在人民群众中口头流传，后来经有心人收集、整理而成的，如著名的《格林童话》。由作家创作的童话有《安徒生童话》《豪夫童话》《王尔德童话》，还有中国的叶圣陶、张天翼等创作的童话。②童话大多用了拟人的方法，情节有趣、新颖，想象丰富，结局大都是美好的。

二是，整理童话构思方法。在童话中，"故事—情节"模式是占主导地位的结构模式，故事由一系列事件叙述，可以满足儿童的好奇心。小

① 中华人民共和国教育部：《义务教育语文课程标准（2022 年版）》，1 页，北京，北京师范大学出版社，2022。

② 崔允漷、邵朝友：《试论核心素养的课程意义》，载《全球教育展望》，2017（10）。

学语文教材选用的几篇童话，涵盖了童话故事的基本结构类型，引导学生把握作品内在的整体格式塔，比如"糖葫芦串"，情节推进，前后呼应等，可以更好、更快地构思童话故事的大致情节。

三是，小组合作完成童话书。（这里撷取一些真实片段分享学生的创作活动）

1. 讨论：完成童话书，要注意什么。

生：书要有封面、目录、前言、后记，要有封底。

生：要有插图。

生：应该是一个整体，所以要有一个框架。

生：主人公要大家统一，后面写的同学要顺着前面的情节继续往下写。

师：很有思路。我们来自由组合一下，然后推荐一个主要负责人协调。要求：第一，3～6人一组，完成一个故事，列出大概框架。第二，商量一下，选用哪种构思。第三，每人完成一个片段，故事完成后，可誊写可打印。第四，一组完成一本书。加上封面、目录、前言、后记。第五，可以仿童话书，有兴趣的小组可以编编课本剧。

2. 小组分工：自由组合，分成了9组，分别推荐负责人，开始协调，策划。

3. 交流碰撞。

师：听说这几天各组干劲很足，我很好奇。可否交流下你们的进展情况？

生1：我们组写公主历险记，主线为寻找失散的朋友，所以情节是步步推进的，现在已经写到第二段了。请徐××说一下接龙情况。

生2：我们组是围绕植物历险这个主题情节来写的，我是先看了前面同学的故事，然后再接着往下编。

生3：我们组的主人公取名叫阿冒，因为我们给他设定的性格特点是有点冒失，有很多搞笑的情节。

生4：我已经是第三位接龙的人了，我看了他们前面的片段，都快

61

笑死了。

生5：我们用了现成的本子，省得装订，等大家都写好了以后，我们再画插图。

师：很好！相信大家听了各自的发言后都会很有启发。这节课我们再来拓展一些文章。这些文章是几个同学主动请缨来做导读的，有请！

生：（导读，略。）

师：还有些童话，是老师推荐的，你们拿出拓展资料自由阅读。

生：（阅读童话文章。）

师：再一次拓展阅读了这么多的童话故事，你们对童话又有哪些了解？

生：很多童话中都有一个道具贯穿始终，使整个故事充满梦幻的色彩。

生：童话故事很多的开头都是"很久很久以前"，感觉年代特别久远，我在想，这样是不是有利于自由发挥想象（笑）。

师：很好。这位同学提到了"自由发挥想象"这个概念，想象是可以自由驰骋，上天入地，古今穿越的，不过大家讨论下，想象是不是意味着乱想呀？

生：不是的，想象也应该在现实中找到对应的依据。比如我们想象七彩石头，是因为我们平时在天空中可以看到七彩云霞。

师：如果现实的天空中云霞是五彩的，你们就会在想象中——

生：我们就只会想象五种色彩了，哈哈！

师：真棒，你们其实已经掌握了童话丰富想象力的本质了。

·············

师：孩子们，通过今天的阅读交流，我相信大家一定又有了新的启发，建议各小组继续讨论，怎么修改或调整你们的童话作品。下周我们进行童话作品的分享，请各组负责人注意时间节点，把握节奏，落实到位。

生：（小组各自讨论。）

四是，作品交流，分享创意

师：经过两周的辛苦，恭喜各组，作品新鲜出炉，请各小组带着你们的作品，分享你们的成果和创意，可以派代表分享，也可以全组一起上来，形式你们自己定。

1. 第一组：《公主的梦幻旅程》。

生：我们制作了一本童话《公主的梦幻旅程》。这个封面大家有没有发现什么？

生：封面上的四个小公主，就是你们自己，你们把自己的头像放进去了。

生：对，我们每个人都是一个小公主。我们定了一个主人公，然后每个片段都把自己放到故事中来，一人写一篇，接龙写作。成书后大家一起讨论写前言。

生：我们都过了一把公主瘾。

师：哈哈，好的，谢谢你们，漂亮的小公主们。

2. 第二组：植物历险记。

生：大家都写动物，我们组就商量了写植物历险记，一人一篇比较容易。然后根据内容排列顺序，最后放进一个塑料袋子里面。

师：很有创意！

生：我们是受到了一些广告的启发。

生：我们组王××建议用现成的本子开始接龙，省去了装订，我们都觉得很有道理，所以另外分了工，这里的扉页上我们加了任务介绍。

3. 讨论颁奖。

师：这是大家合作的成果。今天的成果让老师大开眼界，惊喜连连，祝贺孩子们，你们都可以被称作名副其实的小作家。不过，今天时间比较紧，没有来得及让你们参与评价，我建议各组将这些作品挂在我们的教室里，让大家点评，此外，我们再设置几个奖项，大家投票决定优胜者，怎么样？

生：太棒了！应该有创意奖。

生：还有合作奖。

生：我觉得应该有分项，有整体。所以要有个作品奖。

师：这算综合奖项。

生：设个鼓励奖。

生：还有美工奖。

师：好，很全面，很周到。就按照你们的建议设置奖项，麻烦课代表列张表格，贴在作品旁边，大家投票决定。投票完成后，我们要有个颁奖仪式，我准备奖状，颁奖仪式上除了颁奖，还应该有几个节目助助兴，对此，你们有什么建议？

生：我们小组排练个课本剧吧。

生：我们可以继续做手抄报或者好书推荐海报等，布置场地。

生：我建议，大家找几首关于童话的诗歌，可以诗歌朗诵。

生：要有个主持人。

师：看来得有个颁奖仪式的筹备小组，谁愿意参加？

生：（踊跃报名。）

师：好！期待你们下一次的精彩活动！孩子们，其实，生活就是童话，只要有童话般的心境，人们就会活在童话般的世界里。祝福你们！

发动学生写作设计童话书，充分利用目前的语文教育资源，使小学语文童话教学从封闭走向开放，使学生能在广阔的空间里学童话、用童话。学生们在童话世界中，将自己对童话的喜爱、感悟和希冀通过具体的形象表现出来，既可以帮助他们进一步了解童话，又培养了他们的创造力，使语文教育的工具性和人文性得到了完美统一。为学生搭建的合作平台、展示平台等又提高了其学习积极性。

## 二、着眼工具渗透人文

前文提到，工具性和人文性的统一是多元资源统整的第一要义。但在课程设计时，我们可以根据多元资源的特点从"工具性切入渗透人文性"或"人文性切入兼顾工具性"两条思路展开思考，以实现多元资源的统整中工具性和人文性兼顾。以下再举一个儿童诗的学习例子。

儿童诗是立足儿童主体的"诗意表达"，契合了儿童心理和言语发展的需要。统编教材在四年级下册集中安排了一个诗歌单元，统称为现代诗。从这个单元教材中"诗歌中常常写到一些植物，你知道哪些与植物有关的诗歌？摘抄你最喜欢的一首，和同学交流"等助学题目，可以看出教材已经关注了资源的统整。

同时，教材中也有引导学生仿写儿童诗的内容，如"有兴趣的同学，还可以用诗的形式，写写自己看到过的雨后天晴的景象"。但如果只是停留于形式的仿写，往往会出现学生仿写的内容只是名词的转换，而不是创意的现象。从某种角度来说，这种仿作，反而妨碍了学生的创作。

此外，从儿童诗选文数量看，儿童诗在教材中的数量较少，其类型也过于单调，这不仅不能达到学生对于儿童诗家族的整体感知和理解的目的，相反，还会在一定程度上限制他们对儿童诗的思考和审美。可喜的是，教材在现代诗单元中提出学生可以合作编小诗集及举办诗歌朗诵会。这样可以帮助学生打开思路，拓宽视野，呈现出一个丰富、立体的学习儿童诗的空间。

总而言之，仅仅靠教材中提供的儿童诗作品教学，尚无法揭开儿童诗写作的神秘面纱。因此我们有必要跳出教材，从课程视角统整儿童诗的多元资源，适当地让学生获得一些方法、技巧，帮助他们建构儿童诗的写作图式，如寻因法、联想法、蒙太奇法、意识流法、叙述法等创作方式。

比如，叙述法是常用的一种方法，我们就以"圆的旅行"为主题统整了多元资源，进行了一次着眼儿童诗叙述表现手法的微项目，将人文内涵渗透其中。

一、群文阅读，学习叙述法创作

1."一个普通的圆在诗人眼里可不普通，有人把它想成蛋，有人想成皮球，想着想着——（出示：这个皮球不圆吗！/也可以滚吧？/滚呀滚呀……/啪嗒！）发生什么事啦？"在学生想象的基础上，（出示：哈哈！太阳/流出来了。）在笑声中，学生充分感受到了诗歌丰富奇妙的想象力。

2. 圆又跑到了树叶上。(出示:小虫写信给蚂蚁/他在树叶上咬了三个洞/表示……)学生充分发挥想象表示什么?在此基础上亮出答案"我想你"和"我不懂",然后补充"小虫不知道蚂蚁的意思/蚂蚁不知道小虫的想念/怎么办呢",揭示题目"不学写字有坏处"的含义,儿童诗的魅力不言而喻。

3. "圆又跑到了湖边,带来了一首诗。"(出示:好大的一面镜子/蝴蝶飞过来/照一照/看看衣服美不美。)想象还会有谁来,会怎样?然后补充"一只青蛙跳过来/打破了镜子/蝴蝶急得大叫/我的衣服破了/我的衣服破了"。

4. "小圆圈累了,开始打瞌睡。"补充欣赏"瞌睡虫"的图像诗。

5. 小结:"把这几首诗放在一起,你发现哪些儿童诗的秘密?"(有趣、想象丰富等)引导学生发现叙述法创作的思维方式,由圆想到什么?

二、展开想象,以叙事法创作儿童诗

一个普普通通的圆圈,你想到什么?(蘑菇、眼睛、月亮、葡萄、足球……)以叙事法展开想象,创作儿童诗。

围绕儿童诗"课程内容"的轴心,以"表现手法"和主题内容为线索,我们可以构建儿童诗的课程体系(见表3-2)。

表3-2　儿童诗课程内容坐标体系

| 类别 | 手法 | | | | | |
|---|---|---|---|---|---|---|
| | 抒情 | 叙事 | 科学 | 童话 | 哲理 | 讽刺 |
| 寻因法 | | | | | | |
| 联想法 | | | | | | |
| 意识流 | | | | | | |
| 蒙太奇 | | | | | | |
| 联系法 | | | | | | |
| 叙述法 | | | | | | |
| 其　他 | | | | | | |

这些课程内容分解到各个年段，立足不同年段的内在发展需要，低段重在了解，初步了解儿童诗的文体特点，如分行、押韵、分节等；中段重在欣赏，积累儿童诗的思维方式、多种形式；高段转向创作，充分调动各种感官，感受世界，诗意表达。

这样的儿童诗课程内容坐标体系，既关注内容的确定性，又体现了学段的进阶性，也许将打开语文课程内容统整的另一片天地。当前这仅是一种尝试，未来或将成为一个趋势。

### 三、人文为基落实工具

有些课程内容工具价值清晰，序列明显，但人文性有些薄弱，需要我们统整多元资源，加强其人文性，实现人文与工具的统一。

比如，汉语拼音是一年级学生必须面对的一项学习任务。为了降低一年级学生的学习难度，统编教材把学习汉语拼音的时间延后到开学后的一个月。可是，在一线调研中，"汉语拼音不好学"仍然成了老师、学生和家长的共同呼声。究其原因，拼音难，因为它高度抽象，字母、音节、认读、拼读等互不关联，较为碎片化，且学用分离，这就造成了拼音学习的内容过于工具化，人文性不足，让学生感觉生硬、冰冷，难以接受。

当然，统编教材对汉语拼音教学编排已经做了很多努力，最有特色之处就是情境。每课中都有一幅能引出每个字母的音乃至形的情境图，并配有相应的语境歌，非常巧妙地让每个字母都出现在可视可感的情境之中，形成关联，便于学生从经验的迁移中产生联系，潜移默化地接受新知。另外，统编教材汉语拼音教学编排也同时注重了"学""认"同步，"双线并进"，拼音、识字、阅读、积累等彼此分散的要素统整在一起，相互渗透，整体协调，最终形成一个有价值有效率的整体，促进了多元整合的素养提升。统编教材已经为"人文为基落实工具"的汉语拼音教学指明了方向，并提供了框架。

因此，落实到一线教学实践，怎样更好地关联，将整个课堂中所有的知识点串联成一个系统？怎样创设情境，让学生在真实的情境中认读、拼读、运用知识？怎样在原有基础上进一步统整，依托语文课程的育人优势，综合诸多要素，立德树人，提升素养？

我们尝试统整多元资源，提供了一套基于绘本故事的汉语拼音学习新方案。以人文为基，把统编教材汉语拼音教学中涉及的认读、书写、拼读、识字等，都整合在《胖圆游历记——绘本拼音教学法》（以下简称《胖圆游历记》）的一个个故事中，学生们在和胖圆一起的游历中，掌握知识，提升素养。

做法一，知识具象化。

汉语拼音字母只是抽象的拼音符号，本身不表意。因此，从认读来说，音、形就是其关键特征，我们通过定制图片，不露痕迹地帮助学生设置必需的"台阶"来促进其学习。

比如后鼻韵母 ang，eng，ing，ong 的学习中，我们就设置了"光秃秃"的"婴儿"躺在妈妈怀里，"听着钢琴声""哄孩子入睡"的场景，提示了 ang，eng，ing，ong 的读音。窗外微风习习，屋里的墙上，猫头鹰形状的挂钟在"嘀嗒"地走着；灯光下，妈妈伴着美妙的钢琴声，哄着怀里的婴儿。"窗""墙""灯"和"猫头鹰闹钟"等事物，都在不同程度引导学生认读四个后鼻韵母和一个整体认读音节。随着故事情节的推进，学生通过看图找一找，说一说，"ang，eng，ing，ong"不断地复现、强化，后鼻韵母的读音就印在了学生们的脑中。

再如《胖圆是个胆小鬼——ai ei ui》中，我们就将主角的名字取为"唉哟诶"，就包含了 ai，ei 的读音，另一个主角胆小鬼中"鬼"的读音就包含了 ui 的读音。《寻找我的一角——g k h》中，帮助胖圆过河的鸽子、蝌蚪、魔法盒，都很好地结合了音和形。这样的设计几乎贯穿于整套资料的每一个故事之中。

做法二，拼读情节化。

汉语拼音的功能是识字、学普通话的工具，而拼读则是汉语拼音学习的关键特征。一般来说，静态事物比较适合字母音、形的认读，而动态情节比较适合于拼读的突破与能力的达成。

比如《大灰狼要吃鸡——j q x》一课，我们就把课文的知识要点融合在这样的故事情节中：

"大灰狼在家里给小鸡准备了很多食物，有——鸡（jī）蛋、汽（qì）水、西（xī）瓜、虾（xiā）。在此情境中，学习 j、q、x 二拼音节的拼读。还准备了——一百个橘（jú）子、一百个曲（qǔ）奇饼干和许（xǔ）多糖果。"在此情境中，学习 j、q、x 三拼音节的拼读。

**图 3-3　故事插图**

"小鸡养胖了，大灰狼想吃的时候，一开门，小鸡们爬到它身上，在大灰狼脸上亲了一百下。大灰狼被感动了，又带着小鸡们一起下棋（qí），搭积（jī）木，做游戏（xì）。"在这个情境中，巩固练习以及生字"棋"的认识融合其中。

而下"棋"又是一个很好的游戏载体，让孩子们可以参与其中，下下、摆摆、拼拼。是不是很好玩？

再比如《精彩过一生——ang eng ing ong》中，音节拼读和识字也是嵌入在情节之中：成长过程中，慢慢学会了不少事情："听听（tīng）音乐，唱唱（chàng）歌曲""咿咿呀呀，嗡嗡（wēng）哼哼（hēng）""爬来爬去，有时撞（zhuàng）墙（qiáng）""蹦蹦（bèng）跳跳，惊（jīng）心动魄"；在不同的年纪会玩不同的游戏："游泳（yǒng）""打乒（pīng）乓（pāng）球""骑自行（xíng）车""骑摩托车"……学生在一个个生动、充满童趣的场景中拼读，识字，发现原来拼音学习可以这么好玩。

这样，绘本成了自带激励的动力系统，绘本情境的感染力、驱动力，赋予了抽象、枯燥的拼音学习趣味性和生动性。拼音学习不再是机械重复的训练，而成了学生们帮助胖圆解决问题的工具与思路，在这个过程中，学生们启动思维，和胖圆一起动脑筋，想办法，解决问题。成就感满满，与其说在学，不如说在玩，胖圆就是他们，他们就是胖圆。

做法三，情境一体化。

静态事物的设置也好，动态情节的创设也罢，还有很重要的一步就是如何巧妙地融合，在连贯的人文主线中实现知识的结构化和关联性。

这包含两个层面：

第一个层面，单课情境的一体化。

绘本拼音新方案，强调的是善于发现各种元素的关联，进行整合，从而实现知识的结构化。

比如《i u ü y w》一课中，i，u，ü，y，w，yi，wu，yu 之间有关联，统编教材将它们放在一个内容组块，就是提醒我们在教学中要发现这一点。我们把这些元素全部整合在"下雪啦"的情节中：一片雪花落下来，飘呀飘，飘到很多地方，阿姨的衣服，爷爷的椅子，屋顶、手里的鹦鹉、叔叔的羽毛帽子、衣服门襟……i，u，ü，y，w 就藏在这些地方，让学生去寻找。很快，一片片雪花从空中飘落，在橱窗前排成一排，四声音调就藏在橱窗的小鱼、五朵郁金香、蜥蜴中。雪越下越大，在城市中随处飘舞，所过之处，有很多 yi，wu，yu 四声音节的事物……这些小细节只有细心的学生才可以发现，一次次的发现给学生带来惊喜，使他们有了愉快的学习体验。

再比如《z c s》一课中，我们就将课文内容与绘本故事《神奇树——z c s》结合在了一起，编排了以下情节。

神奇树上住满了拼音精灵，当树枝与树枝轻轻碰在一起的时候，拼音精灵们也与自己的好朋友碰上了面。一阵大风刮来，枝头上的拼音精灵们被这阵大风吹跑了，剩下的一些，也与自己的好朋友失散了……一旁的胖圆爬上树枝，将一对对拼音精灵朋友牵到了一起——它们组合成了一个又一个新的音节，又将这一个个新的音节组合成一个又一个新的词语。最后，拼音精灵们新组成的字和词语又变身为句子，对着风哥哥喊话："风哥哥，再来做客吧！"

整个过程中，故事情节就是知识学习的板块，知识学习的板块又是故事情节，二者融为一体。在课堂中，汉语拼音不再是干巴巴的抽象符号，而是故事中的一个个元素。抽象的符号变活了，灵动了，学生们的思维跟着知识一起舞蹈，学习内容中最关键的特征得到凸显、转化，难点自然就突破了。

第二个层面，单元情境的一体化。

在整套材料中，《胖圆游历记》中课程的内容都是具有连续性的。我们从人和社会、人和自然、人和人、人和自我四种关系出发，选择相应的儿童绘本进行全方位研发，《胖圆游历记》类似于将散落的砖瓦砌成一座高楼大厦（见表 3-3）。

表 3-3　《胖圆游历记》课程内容人文内涵指向表

| 视角 | 课文 | 人文内涵 |
|---|---|---|
| 人与自然 | 《胖圆学滑冰——a o e》 | 插上想象的翅膀，在胖圆学滑冰中感受冬天的神奇与美好。 |
| | 《哇！是雪吗——i u ü》 | 跟着雪花起舞，用纯真的眼睛观察世界、寻找奥秘，感受自然。 |
| 人与人 | 《飘走的红气球——b p m f》 | 失去的是红气球，收获的是友谊，友谊永存。 |
| | 《奶奶过生日——d t n l》 | 礼物重在用心，给人带来快乐的礼物都是最好的礼物。 |
| | 《大灰狼想吃鸡——j q x》 | 每个人都需要被夸赞、被爱，这些让我们感受到自己的价值。 |
| | 《神奇树——z c s》 | 团结力量大。 |
| 人与社会 | 《胖圆是个胆小鬼——ai ei ui》 | 其实未知的事物并不可怕，试着去探索，你会发现更多精彩。 |
| | 《胖圆学记录——ao ou iu》 | 人生是一段旅途，学会用各种方式记录生活中的美好。 |
| 人与自我 | 《寻找我的一角——g k h》 | "完美"与"缺憾"是人生的重大课题，每个人都有最适合自己的地方，我们要做最好的自己。 |
| | 《长大做什么——zh ch sh r》 | 理想需要美好的畅想，更要脚踏实地的行动。 |
| | 《海里的故事——ie üe er》 | 勇敢做自己，每一个人都是最独特的。 |

续表

| 视角 | 课文 | 人文内涵 |
|------|------|----------|
| 人与社会 | 《勇敢的小卡车——an en un ün》 | 勇敢不是无所畏惧，而是克服畏惧，带着希望前行。 |
| | 《精彩过一生——ang eng ing ong》 | 认识成长，每个人生阶段都可以过得很精彩。 |

这样的架构，其实也提示了学生们课外阅读的方法，学生们课内学完拼音，课外可以继续阅读"似曾相识"的原版故事，通过这样全方位的阅读，可以帮助学生积累宝贵的认知经验，对其全面发展大有裨益，实现了工具人文的大统整。

[理一理]

连点成线、连线成面、连面成体是语文课程内容统整的三个层级，低层级结构都是高层级结构的组成部分（见图 3-4）。这种统整的方法是老师们可以学习的。

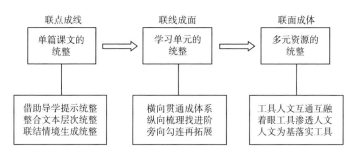

图 3-4　语文课程内容的统整图

[做一做]

以下是一年级上册识字单元（一）课程内容的统整，请试着分析，本设计中一篇篇课文中学习活动的"点"如何连成课堂的"线"？一条条课堂的"线"又是怎样形成单元的"面"？可以在旁边做批注。

　　如果有兴趣，还可以拓展阅读《大单元识字教学》①和《有意思的大单元识字》②，进一步了解我们如何将统编教材六个集中识字单元的"面"统整为汉字构形文化新体系。

你知道汉字的世界吗？<br>——一年级上册《识字单元（一）》

一、单元目标

　　1. 通过象形字为核心的单元统整，在经历"你了解汉字的世界吗"的大单元学习中，掌握汉字的象形特点。

　　2. 通过图文结合、追溯字源、分类拓展等方法，学习象形字特点，识记"天""人"等 25 个象形字，会写"口""耳"等 11 个象形字。

　　3. 朗读课文，背诵课文，了解对韵、传统礼仪等中华传统文化，在语境中认识"你""我"等 13 个生字，会写"一""二"等 4 个生字。

二、活动设计：三才——《天地人》

　　学习活动一：走近"天地人"。

　　1. 溯源猜字，初步识记。

　　(1)观察"人"的古字演变过程，学生猜测对应的汉字，借助字理巩固汉字识记。

　　(2)了解最初的汉字，就是把世间最基本的事物画下来，慢慢形成的。

　　2. 借助图片，理解字义。

　　(1)观察天地图景，将"天""地""人"连在图画中合适的位置，借助图片理解字义。

　　(2)简要了解"三才"概念：天、地、人，形成了世界最初的图画。

　　3. 字理溯源，认识汉字。

　　(1)了解汉字中"天"与"人"的关系：站立的"人"头顶之上便是"天"。发现汉字之间互有关联。

---

① 林乐珍：《大单元识字教学》，18～41 页，北京，教育科学出版社，2020。
② 林乐珍：《有意思的大单元识字》，1～23 页，北京，教育科学出版社，2020。

(2)学习资料，理解汉字与人观察世界角度的联系，以此认读"天""地""上""下"等生字。

(3)认读巩固"天""地""人"三个生字。

4. 学习文化，复现汉字。

(1)观察古代建筑天圆地方的图片，并在不断复现中再次巩固汉字。

(2)学习资料，了解天圆地方的学说。

学习活动二：认识"你我他"。

1. 变化图片，创设情境。

人不断繁衍，人与人之间发展出许多不同的称呼关系。

2. 击鼓传令，巩固认读。

和同学进行"击鼓传令"的游戏，用"你""我""他"的生字卡片介绍自己与他人。

3. 字理拓展，认识"男"与"女"。

(1)看古字，猜汉字：观察"男"与"女"的古字与图片，自由猜测。

(2)学习资料，简要了解"男"与"女"的字义。

在广阔的天地间，人们之间社会分工越来越明确，祖先们的勤劳与团结，使这片天地熠熠生辉。

三、活动设计：五行——《金木水火土》

学习活动一：世界的五行。

1. 学习资料，了解五行。

(1)学习资料，了解五行含义：结合资料袋，了解五行的基本学说及各要素代表的事物。

(2)自由认读，识记汉字：自主识记"金""木""水""火""土"等生字，同桌互测巩固。

2. 联系生活，理解五行。

(1)联系图画，巩固识记：找出图画中藏着的五行元素，连一连。

(2)联系生活，加强理解：五行在生活中无处不在。想一想，你周围的世界也有这五种元素的身影吗？

学习活动二：五行的秩序。

1. 学习微课资料，了解五行元素相生相克的规律。

2. 联系图画，巩固认知：你知道图画里的事物是如何相生相克的吗？对照着五行关系图，试着说一说吧！

学习活动三：五行中的数。

1. 朗读歌谣，理解内容。

(1)多种形式朗读歌谣。

(2)联系图片，交流自己从歌谣中明白的内容。

交流中关注图片信息，理解"天地分上下，日月照今古"的时间与空间的宏大感。

(3)补充资料，理解"一二三四五"与"金木水火土"之间的关系：五行元素与数字一一对应，表示五行诞生的顺序。

2. 借助算筹图片，认读数字"一"至"五"。

(1)观察汉字，交流发现：观察数字与图片，你有什么发现吗？阅读算筹的相关资料，发现算筹与表示数字的汉字的关系。

(2)运用多种形式反复认读汉字。

(3)拓展识记：数字越来越大，算筹变得不再方便，数字的写法也越来越多样。识记汉字"六""七""八""九""十"。

3. 拓展古诗，巩固识记。

(1)阅读古诗《咏雪》，猜测古诗谜底：雪。

(2)圈画古诗中的数字，读一读，认一认。

4. 字理溯源，拓展认读"百""千""万"。

学习活动四：我来找故事。

通过网络、书籍等途径查找与五行相关的民间故事，与同学交流分享。

学习活动五：学写汉字。

四、活动设计：人像——《口耳目》

学习活动一：人像剪影(一)。

1. 认读汉字，理解字义。

(1)自由认读"口""耳""目""手""足"等汉字。

(2)图文结合，理解字义：将汉字与人体图画匹配，连到图片中对应的位置。

2.观察字形，发现规律。

(1)观察字形，交流发现：仔细观察汉字与对应的人体部位，发现字形与字义的联系。

(2)展现变化，引出象形字：出示图片、古字与现代汉字的字组，发现象形字的特点。

(3)游戏互认，巩固识记：一人出示对应的生字卡片，另一人念出卡上生字，并快速指向自己的身体部位，在游戏中复习生字，巩固识记。

3.拓展字串，初认偏旁。

(1)听老师读口字旁、目字旁、提手旁、足字旁的生字字串，发现字串中共同的偏旁。

(2)发现偏旁与字义间的联系，并说说口、耳、目等器官可以做的其他事情。

学习活动二：人像剪影(二)。

1.趣识人体，拓展月字旁

(1)图文结合，拓展识字：出示图片，指认身体部位，出示生字。

(2)观察字形，认识偏旁：观察发现汉字中的共同部位月字旁。

(3)拓展资料，介绍偏旁：通过资料，理解月字旁的含义。

学习活动三：人像剪影(三)。

1.借助古字，认读生字。

(1)借图猜字，初认生字：将"立、坐、行、卧"四个小篆字补充进图画，借助古字猜测汉字。

(2)拓展字理，识记生字：学习汉字演变资料，借助字理识记生字。

2.互相检测，巩固识记。

(1)互相检测，认读字卡。

(2)一人出题，另一人快速指出对应汉字。

3.朗读童谣，体会文化。

(1)朗读歌谣，读出节奏：出示歌谣，注意朗读时的节奏感。

（2）口令游戏，巩固理解：一人按歌谣发号指令，另一人做动作。

（3）讨论交流，理解句意：朗读后，你读懂了哪句话？交流内容。

（4）补充资料，了解文化：对自己言行仪态的规范要求，体现着中华民族独有的风采和品格。

4. 观察字形，指导书写。

五、活动设计：万物——《日月水火》

学习活动一：认识汉字画。

1. 图字结合，发现规律。

三才之间，五行轮转，孕育出世间万物。古人造字的奥秘，也蕴藏在万物之中。看看图，再看看字，你发现了什么？

2. 阅读资料，初识象形字。

3. 结合字理，识记汉字。

学习活动二：再识汉字画。

1. 运用规律，自主识记。

你能运用刚刚学到的知识，将古文字与现代的汉字相连吗？

2. 对比汉字，发现规律。

（1）观察字形，识记生字：认识"牛、羊"两个汉字。

（2）对比汉字，总结规律：仔细看看这两个古字的画法，和其他的象形字有什么不同吗？（有时候，古人会只画事物最关键的特征来表示内容。）

3. 图文对应，巩固识记。

这些景物会出现在图画的哪些地方呢？可以用"谁生活在那里"的句式进行表达。

4. 观察字形，学写汉字。

六、活动设计：对韵——《对韵歌》

学习活动一：认识"单字对"。

1. 图文对比，字理识字。

自然美景千姿百态，你能将它们与正确的汉字相连吗？（认识云、雨、雪、风、花、树、鸟、虫）

2. 阅读资料，巩固识记。

了解"虫"字在古代的含义，在反复识记中巩固识记。

3. 匹配汉字，认识"单字对"。

(1)举例说明，试配汉字：举例"云"对"雨"，还有哪些汉字是一对好朋友？从生字中自由组对，在组对中巩固识记。

(2)交流配对，总结规律：同一类事物才可以做朋友，结成"对"。

4. 绘制图画，巩固理解。

图画和图画也可以结对，仔细观察左边的图画，你能画一幅和它结"对"的画吗？

(1)阅读秘诀，理解课文：多种形式朗读《对韵歌》前四句，理解内容。

(2)观察图画，确定绘画对象：借助课文，确定自己要绘画的图画内容，尝试绘画。(小秘诀：云对雨，雪对风，花对树，鸟对虫……)

学习活动二：理解"双字对"。

1. 图文结合，理解"双字对"。

赏赏美景，读读词语，它们可以怎么对？

2. 结合韵文，为图着色。

将图画涂上好看的颜色，你的图画又会有怎样的改变呢？

(1)出示课文，理解内容：多种形式朗读《对韵歌》后两句课文，通过图文对应理解内容。

(2)借助课文，修改图画：根据课文信息，确定图画修改方向，并为自己的图画着色。(小秘诀：山清对水秀，柳绿对桃红。)

(3)图文对应，积累词语：借助图画景色，理解并积累"山清水秀""柳绿桃红"等词语。

3. 朗读韵文，练写汉字。

(1)用各种形式朗读课文《对韵歌》，指导读出节奏感。

(2)学写汉字"虫""云""山"，强调新笔画提、撇折、竖折的书写，练写汉字。

学习活动三：万物皆有"对"。

1. 选句填空，为图画取名。

(1)选句填空：你觉得下面的诗句，分别适合做哪幅画的标题呢？

红花飞鸟云山间，

绿柳鸣虫风雨后。

(2)仔细读诗句，圈画对韵：圈出这两句诗中相对的汉字。

2. 补充资料，拓展阅读。

(1)补充古诗、对联等资料，拓展认识对韵在生活和文学中的应用。

(2)朗读《笠翁对韵》片段，在课外阅读《笠翁对韵》等书。

第四章

语文课程实施的统整

语文课程目标的统整必然带来课程系统的升级之二是语文课程实施的统整。

课程不是"静态"的学习内容，而是"动态"的包含学习方式的学习进程，是学习活动的有机集合。如果我们只将课程视为学习内容的集合，而忽略了承载课程的学习方式，将一些十分有价值的内容，通过枯燥、消极的方式来学习的话，那么，这一课程便失去了其真正的价值。

如何让学生学习适合自己的课程内容，是我们要认真研究的课题。这一章，我们就从统整学习的策划、组织与实施层层推进，展开阐述。

## 第一节　统整学习的策划

在语文课程实施的统整中，教师想促进学生的学习，其实功夫不全在课堂上，教师课前的预设和策划至关重要，用一句形象的比喻，就是"跑在学生前头的教师"。学生只有在教师的引导下，对事物的结构和学习意义有了深入的理解，才能使教师预设的教学内容转化为学生体验到的教学内容，从而达到良好的学习效果。

那么，教师如何策划统整学习呢？我们不妨从"不会"到"会"的学理开始说起。

在确定课程的目标和内容之后，教师要努力从学习内容中分辨出哪些是导致学生在学习过程中出现困难的关键特征。这个要素很重要，要十分重视，这是学习策划的第一步。

另外，从"不会"到"会"之间有一个关键点，即教师的转换能力。有项研究表明：今天许多学业困难生，其实并不完全是学习能力弱造成的，有的可能是因其无法适应某种学习方式。因此，教师需要采用转换机制，帮助学生预设其完成学习目标必需的"台阶"，引发有意义学习的发生。关于转换机制，变易理论提出了四种策略[1]：

---

[1]　卢敏玲：《课堂学习研究——如何照顾学生个别差异》，21 页，北京，教育科学出版社，2006。

一为对照，重在让学生形成对事物的直观感受；二为类合，指让学生重点关注事物在变化中保持稳定的部分，把握住事物的共同特征；三为区分，指让学生重点关注事物中变的部分，把关键特征从整体中分离出来；四为融合，就是保持事物几个方面关键特征的同步变化，让学生在更为复杂的真实环境中理解这几个关键特征之间的关系，以及关键特征与整体之间的关系。

我们可以通过不同的策略组合，开创多种样态的变易图式来策划学习活动。以下分别从课文学习的策划、单元学习的策划、项目任务的策划三方面具体说明。

## 一、课文学习的策划

一般来说，课文学习相对内容量较少，又有课后题等助学支架，所以，可以通过对课后题的"关联定点"，把握关键特征。

以三年级上册《父亲、树林和鸟》为例，教材的课后题给出了这样几个提示：

• 默读课文，想一想：为什么说"我真高兴，父亲不是猎人"？

• 你同意下面这些对父亲的判断吗？说说你的理由。

父亲一生最喜欢树林和鸟。

父亲对鸟的习性十分了解。

父亲很善于观察。

父亲热爱自然。

父亲曾经是个猎人。

• 读句子，说说加点的部分给你什么感受，然后选择一句抄下来。

父亲突然站定，朝幽深的雾蒙蒙的树林，上上下下地望了又望，用鼻子闻了又闻。

我茫然地望着凝神静气的像树一般兀立的父亲。

我只闻到浓浓的苦苦的草木气息，没有闻到什么鸟的气味。

梳理聚焦，可以发现本课学习的核心目标就是"体会父亲是怎样的人，积累双修饰语这样的生动语言"。对于三年级学生，理解并积累语言以及表层上体会父亲是个怎样的人不难。这篇课文放在三年级，难在哪里？难在这两个点之间的关联，即"课文是怎么写出父亲是个怎样的人"，这是这篇课文学习的关键特征。因此，在读课题，抓住关键信息概括课文主要内容的基础上，我做了以下学习活动策划。

学习活动一：分角色朗读父子俩的对话，初步感知父亲形象。

（课件创设情境，树林里缓缓走来父子俩。分两边分别逐步出示父子俩的对话。——同桌合作读，引导学生发现，父亲能看叶知鸟，闻到鸟味，听到鸟声，我却什么都没有发现。——分角色读，体会父亲爱鸟，很了解鸟的习性。）

这是对照，同样的一片树林，父子俩截然不同的发现，对父亲形象的感知也就非常直观了。

学习活动二：聚焦双修饰语的描写进一步感受父亲形象。

1. 选择背景。让我们再次驻足这位父亲的形象吧，（将原来情境图中的父亲图像放大，移到左下角）看，父亲突然站定，此时此刻，很想为他配一幅背景，请你选一选，你会选哪幅图？（出示：树林图和幽深的雾蒙蒙的树林图）初步理解"幽深的、雾蒙蒙的"。

2. 比较句子，体会修饰语连用的作用。

父亲突然站定，朝幽深的雾蒙蒙的树林，上上下下地望了又望，用鼻子闻了又闻。

父亲突然站定，朝幽深的树林，上上下下地望了又望，用鼻子闻了又闻。

父亲突然站定，朝树林，上上下下地望了又望，用鼻子闻了又闻。

这是区分，通过选择图片，比较句子，使关键特征从整体中凸显出来，父亲的形象进一步得到了丰满。

3. 进一步发现修饰语连用的语言特点。

（出示句子："我茫茫然地望着凝神静气的像树一般兀立的父亲。"）大家来读读这个句子，聪明的同学一定会有发现。

这是类合，再次聚焦双修饰语，体会父亲专注的形象。

学习活动三：整合画面，整体感悟父亲形象。

1. 把整个画面连起来：（　　　）的我，（　　　）的树林，（　　　）的父亲。

2. 本文想说什么？（环境描写、我的描写都衬托了父亲的形象，双修饰语的描写与运用也进一步凸显了父亲的形象。）多么生动的语句，背诵下来。

3. 感谢这个黎明，感谢这片树林，谢谢懂鸟、爱鸟的父亲，下节课再次走近父亲，进一步辩论父亲是不是猎人？

这是融合。通过画面的整合，把"茫茫然的什么都没有看见的我""幽深的雾蒙蒙的树林""凝神静气的像树一般兀立的父亲"几个方面进行了统整，形成一张画面，让学生在更为复杂的真实情境中理解这几方面间的关系以及与整体的关系。

## 二、单元学习的策划

单元学习相对内容复杂，教师在学习策划中要善于"聚焦凸显"关键特征。

以四年级下册第四单元学习为例，向别人介绍自己的动物朋友。对学生来说，介绍动物朋友，最关键的特征在于从哪几个方面介绍，如何介绍它的特点。由此，我策划了下列几个学习活动。

学习活动一：初识动物。

1. 通读本单元，认识了哪些动物，给你留下什么印象？

2. 提前布置观察任务。选择一种自己喜欢的小动物。

这是类合，对单元的整体了解有利于打开观察的视角，让学生对怎么介绍动物朋友有比较直观的感受，提前积累写作素材。

学习活动二：走近动物。

1. 学习《猫》，初试身手，写一个动物外貌片段。

2. 学习《母鸡》后，比较阅读《猫》和《母鸡》从情感到结构到语言的异同，学习"列写作提纲的方法"。

3. 学习《白鹅》后，进一步链接《猫》，体会层层深入的"总分法"构思。运用总分构思表达小动物的可爱，试着写写动物的一个特点。然后链接《白公鹅》体会共同点，学习"现场目击法"，试着写写动物趣事。并推荐沈石溪的动物小说系列，丰富动物趣事写作素材。

这里采用了对照、区分、类合等多种转换机制，引导学生步步聚焦"如何介绍动物朋友"的写作策略，积累相应写作图式。

学习活动三：描写动物。

1. 阅读《白鹅》《猫》《母鸡》《白公鹅》，从观察角度、结构，以及明贬暗褒等语言特点，整理归类。

2. 完成大作文《我最喜欢的一种动物》。

这是融合，将学习内容转化为有意义的学习经历，让学生在这个真实任务中交叉、重组、统整，步步推进。学生在经历中把握动物写作的关键特征，最终完成大作文。

## 三、项目任务的策划

项目任务的完成涉及方方面面，要实现目标，教师在学习策划中需要"多维分解"，把握关键。

有一年，我接了个中段的班级，两周后，发现学生们的基础不扎实，尤其是作文困难多。那段时间，我把学生的各种习作一本本、一篇篇地分析、归类，整理学生写作过程中经常遇到的各类问题，了解他们的学习需求（见表 4-1）。

表 4-1　学生写作过程中的问题归因表

| 现　象 | 归　因 | |
|---|---|---|
| 记叙文写不长 | 态度 | 缺乏生活体验。 |
| | | 缺乏写作动力。 |
| | 能力 | 内容生成困难。 |
| | | 书面表达能力不足，如缺乏词汇、缺乏语言组织能力。 |
| | | 缺乏生动的描写，如动作描写没有展开，忽视心理感受，忽视人物的语言描写，忽视场景描写，景、物描写缺乏联系想象。 |
| | 其他 | 身体健康状况欠佳。 |
| | | ………… |

这样一梳理可以发现，以上众多写作问题中有几个较为关键的问题：如将"大"动作化解成"小"动作，写出真实生动的心理活动，点面结合写出场面，等等。

以"人物语言描写的运用"为例，关键特征有二：一为语言描写要学会根据主题恰当选择素材；二为怎么通过对话描写推动情节发展。由此，就有了以下写作微项目的学习策划。

项目任务一，语言素材的恰当选择。

对话描写中如何恰当选材也是很重要的特征。人物对话是记叙文描写的重要组成部分，同时也可能踏入因对话素材的选择不当而造成废话连篇的写作误区。

三年级下册《陶罐和铁罐》的故事除了不同形式的对话语言特色外，情节内容也很贴近学生的生活，学生容易"角色转换"，想象与陶罐和铁罐的交往，有话可说。借助《陶罐和铁罐》的文本，我们来说一下如何帮助学生基于主题恰当选择语言素材。

学习活动一：聚焦人物对话，进一步巩固对话的几种不同形式。

让学生自主学习，发现与原有认知相同的提示语在不同位置的对话表达形式，也发现新的没有提示语的表达形式。

这样的对照，"同"与"不同"中改变、建构着主体的认知结构，为写作做准备。

学习活动二：语言转换，续写故事。

"时间在流逝。……很多年过去了。这期间可能会发生什么事？陶罐和铁罐之间会发生什么对话？选择一个片段写下来。关注动作、神态、变化的提示语。"

这个问题，链接了课文内容和实际生活，学生链接生活，挖掘事件，赋予文章课程层次的内涵。

学习活动三：反思改写内容，体悟对话素材的选择。

在以上两个层次的基础上，再一次引导学生对自己的改写进行反思："一个个片段都非常生动，你们的对话丰富了陶罐和铁罐的形象，打动了我们。但课文为什么不写，只用一段带过？"

然后引导学生回到课文，再一次与文本对话，通过讨论，让学生了解写作中要围绕主题选择印象深刻的素材，详略得当。

这是再次对照，从阅读中学会写作，从写作中学会阅读。

学习活动四：评价、修改平时习作。

看看我们这里几名同学的作文，你有什么建议？评价标准：一是其语言能否体现主题。二是对话的描写是否采用不同的表达形式。

这个过程是真正把"根据主题选择对话素材"运用到平时习作中。

项目任务二，对话推动情节。

有了以上基础，我又借助三年级下册《美丽的鹿角》的学习，进一步引导学生聚焦"如何运用人物语言推动故事情节"这一关键特征开展了如下的活动策划。

学习活动一：学习鹿说的话，看看课文是怎样通过鹿的话语一步步推动故事情节的。

学习活动二：第二课时，在学习"狮子来了，鹿逃跑"的情景描写后，让学生迁移运用，运用提示语的不同表达形式写写以对话推进故事情节发展。

这样前后呼应，不仅把握了"如何借助语言描写推动故事情节发展"的关键特征，更妙的是，几次描写连起来，就是一篇一波三折的动物童话故事。课时与课时，课内与课外，段到篇，篇到文体，点、线、面，关联链接，这也是灵动语文的课程统整的观点。

## 第二节 统整学习的组织

如果说统整学习的策划是将"教的课程"转化为"学的课程"，那么统整学习的组织就是将"学的课程"转化为学生"习得的课程"。

这一转变并不轻松，这关系到学习进程中师生对话的顺畅，也关系到统整学习的实现等。

## 一、明确师生关系

真正的"课程"，本身就蕴含着与学生平等互动的因素，这是统整学习的前提。在我的理解中，"蹲下来和学生说话"这句话中"蹲下来"的本意应该是教师要在心灵深处平视学生，师生的平等应该是心灵的平等。我们以二年级上册《场景歌》的前后两次学习组织为例。

第一次学习组织。

1. 创设"少先队员去旅游"的情境，让学生自由读课文1～3节。

2. 说说我们来到了什么地方。

（学生在教师的引导下说来到了"海边、乡村、山林"，教师在黑板上分这三类板书。）

3. 教师分别提问：

"来到海边，看到了什么？"

"来到乡村，看到了什么？"

"来到山林，又看到了什么？"

学生说出一个景物，教师就拿出相应卡片，让学生认读，并纠正其读音，让他们识记字形，最后把卡片贴在黑板上。

这个教学方案乍一看，训练是扎实的，铺垫是到位的，似乎符合认知规律。从中我们可以看出教师已认识到要放手让学生去探索和发现，即"自由读文，说说来到什么地方，看到什么"。然而，反思其教学行为，道路是教师设计好的，学生按照教师设计好的步骤一步一步地顺利达到目标，教学环节均由教师控制和设计，学生积极发言的背后有多少自主建构的成分值得思考。教学的每一个环节，不管学生是否接受，教师只管照本宣科。比如说，在学生初读课文之后，教师就让学生说说"来到什么地方"。学生还没有理解各种景物，教师即进行整体归纳，这显然不符合二年级学生的认知规律。从课堂效果来看，学生遇到了困难，教师却并没有调节教学进程，而是直接把答案告诉了学生。

按后现代课程理论的观点，"课程"不是教师向学生传递其所知道的知识过程，而是师生一起探索其未知的知识过程。于是，我做了如下调整：

第二次学习组织。

1. 创设"少先队员去旅游"的情境。学生自由读课文 1～3 节，边读边记，你看到了什么？看谁记住最多。

2. 回忆"看到了什么"。

全体学生闭上眼睛，回忆刚才"旅游"（读书）中看到什么，能回忆几个就用几个手指来表示。教师请回忆出最多的学生回答，并上台当小老师拿卡片带领大家认读，然后将卡片贴在黑板上。

（这时的卡片是凌乱的，是根据学生的学习而生成的。）

3. 引导发现。

（教师指向板书凌乱的卡片。）

发现一："就这样向别人介绍旅游中看到的景物，别人能明白吗？"

师生一起按"来到什么地方看到什么"移动黑板上的卡片，将同一个地方（海边、农村、乡村）的景物组合在一起。

（整理凌乱的卡片可以引导学生们积极思考，在自主建构中组合成课文的内容。）

发现二："看看这些生字，想想不同的地方，你又有什么发现？"

教师引导学生发现生字的构字规律：海边有水（三点水）——海、沙、滩，有船（舟字旁）——舰、船；农村有禾木（禾木旁）——秧、稻，有泥土（提土旁）——塘；山林有竹（竹字头）　竿，有木（木字旁）——桥。

在这个学习进程中，教师以参与者的身份与学生展开的对话，将教学尽可能地建立在学生的原始思维情境基础上，根据学生的学习规律以及本课的教学内容，给学生提供充分的空间，让学生去思考。通过这一方式，学生有充足的交流时间和空间，内容是学生自主建构的，方法是学生自主发现的。在课程中，学生学会了思考，学会了学习，学会了创新。

在课堂上，我被强烈地震撼着，学生们在发现中一次次地眼前一亮，一次次地获得成功。"呀，这样一组合就是课文呢！""这些字的偏旁和它的意思有关系！"从他们通红的小脸上，从他们喜悦的目光中，从他们高举的小手上，我惊喜地发现他们在感受着学习的乐趣，他们在用行动诠释着什么是灵动的课堂。

## 二、构建多元链接

我们往往会认为以"学为中心"就是放手让学生去学，其实学生的学习是个体生命的成长，善于通过多元对话链接，在倾听、研讨与多种形式互动中实现每个学生的成长是统整学习的关键。下面以四年级上册《牛和鹅》的前后两次学习组织为例进行说明。

第一次学习组织。

学习活动一：关注第一处批注的写作角度。

独学：先独立思考，小作者是从什么角度写批注的。

合学：四人组成小组进行合作，交流补充自己的想法。

展学：小组派一位代表展示小组成果。

学习活动二：尝试写批注，掌握方法。

独学：默读5～7自然段，画出"我"见到鹅和被鹅袭击的句子，圈画关键词体会"我"的心情，用学到的方法写批注。

合学：小组讨论，你从什么角度写的批注，批注的内容是什么？

展学：小组代表展示。

学习活动三：拓展阅读，学以致用。

拓展阅读《牛的写意》，写写批注。

三个学习活动板块聚焦掌握多角度批注的方法，可以说定位非常准确，但整个学习进程却感觉不够"味道"。学生的独学、合学、展学停留在"萝卜炒萝卜"上，增量还不是很大，高质量的统整学习组织应该从"放的高质量"转向"引的高质量"。怎么将课堂中的各种资源更好地统整、链接，共同为学生的学习赋能？宜做以下这样的调整。

第二次学习组织。

学习活动一：了解批注。

读课文，了解故事主要内容。再读课文批注，想想课文从哪些角度进行了批注。(当我们把自己沉浸到故事里, 就会有很多想法, 或有新问题, 或对课文写法或内容有感受, 及时记录下来, 这就是批注。)

学习活动二: 示范批注。

师: 让我们一起再次走近那天放学的池塘边。(出示第 5 段批注, 见图 4-1)这是我的批注, 发现什么? (批注可以有符号, 文字要简洁。)

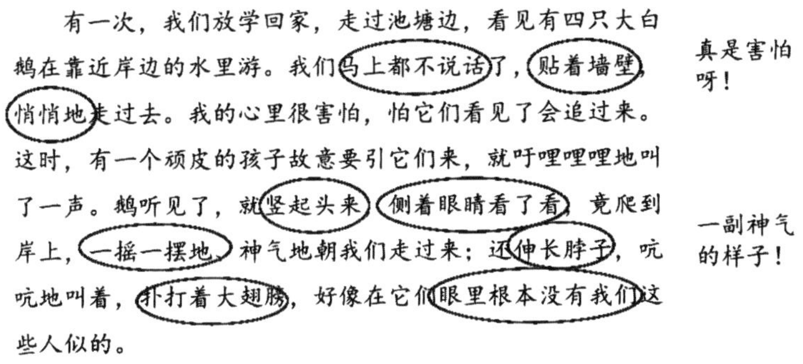

有一次, 我们放学回家, 走过池塘边, 看见有四只大白鹅在靠近岸边的水里游。我们马上都不说话了, 贴着墙壁, 悄悄地走过去。我的心里很害怕, 怕它们看见了会追过来。这时, 有一个顽皮的孩子故意要引它们来, 就吁哩哩哩地叫了一声。鹅听见了, 就竖起头来, 侧着眼睛看了看, 竟爬到岸上, 一摇一摆地神气地朝我们走过来; 还伸长脖子, 吭吭地叫着, 扑打着大翅膀, 好像在它们眼里根本没有我们这些人似的。

真是害怕呀!

一副神气的样子!

**图 4-1　《牛和鹅》课文批注示例图**

学习活动三: 尝试批注。

1. 自主批注。

2. 小组交流, 补充批注。

3. 全班交流。(教师将学生的批注拍照投到屏幕。学生基本上从鹅和"我"两个角度去写批注, 从动作、语言、神态中体会人物心情。)

学习活动四: 整合提升。

1. 发现转变。(整合所有学生的批注照片, 分成鹅和"我"两类)把这些批注合起来, 你又有什么发现? (这些信息一整合, 学生就会发现鹅和"我"前后的转变。)

2. 体会启示, 写下批注。

学习活动五: 学以致用。

1. 总结: 回忆一下, 你从这节课学到了哪些本领? (批注就是有感而发, 如有问题时、写得好的地方、有感受时等便可以写批注。批注可以用符号, 也可以是文字, 要求简洁、有条理。)

2. 拓展联读《牛的写意》，写写批注。

通过以上的学习，学生掌握了批注的方法，体验到批注的乐趣，养成了阅读时做批注的意识和习惯。

### 三、达成学习增值

教学中唯一不变的就是增值。每一个教学资源，每一次教学活动，甚至呈现的秩序都是为学习而设的增值服务，想方设法让他们发挥更大的价值，是统整学习的组织归宿与价值追求。

我们可以依托"高度"增值，即立足于工具性与人文性结合的高度，实现深层次的教育目标。可以挖掘"深度"增值，即紧紧围绕语言特点，一步步引导学生把学到的语言纳入自己的话语系统，使学生在言语内容、言语形式，在语言表达上得以提高。还可以拓展"宽度"增值，即进一步引进与课文语言特点和相同或相似的片段，把相同写法的课文归类学习；通过"同质"的拓展阅读，学生在举三反一中掌握语言规律，再次丰富言语图式，形成语用能力。这里不再赘述。

### 第三节　统整学习的实施

通过以上两节，我们基本上明确了语文课程实施的统整要领，但要真正付诸课堂实践，还需从教师的课堂教导行为做进一步的设计。

### 一、学习的方式选择

平时，我们总是把"认真听课"视为学生的第一法则。殊不知，"听"是诸多学习方式中驻留时间最短的。也许，在目前这样有限的学习时间下，听讲与操练是效率较高的途径。但此效率是"教的密度的效率"，而非"学得深刻的效率"。假如这些知识不是学生自己获取的，而是教师直接给予他们的，那学生将来必然要将其还给老师，只是在考试前还，还是考试后还，我们不得而知而已。

著名的戴尔"学习金字塔"曾比较分析了听讲、阅读、声音/图片、示范/演示、小组讨论、马上应用/教别人等多种学习方式下，其学习结果的驻留率是完全不一样的。较好的学习方式是小组讨论、马上应用/教别人等。好的课程实施都有一个共同特点，就是关注长远意义的学习方式。以二年级上册《玲玲的画》为例。

学习活动一：初读感知。

创设绘本情境：林老师想和大家一起把这个故事编成一本绘本。（翻开扉页，出示三幅图：图1为《我家的一角》，图2为弄脏的《我家的一角》，图3为弥补后的《我家的一角》。）谁读懂了？

学生借助图片梳理主要信息，并在语境中识字，这是马上应用/教别人。

学习活动二：研读感悟。

1. 质疑，玲玲的画弄脏了，但通过动脑筋，修改了画，最后获得了一等奖，聪明的孩子一定有问题要问。（玲玲是怎么动脑筋获得一等奖的？）

2. 解疑，感悟玲玲的思维方法。如果你是玲玲，你会想什么办法呢？

发散：进行头脑风暴，想办法。聚合：首先要选对的方法，方法中若包括室内、室外，室外的要去掉。对中要选优：方法中有静的、动的，楼梯上放静物，会让人感觉家里不干净，所以去掉；有大的、小的，大的会破坏美感，也去掉；小老鼠等小动物也不好，去掉。优中再选特：对比，加了小花猫、小花狗有什么不一样？更增添了生机。

通过角色转换，动脑筋想办法，学生通过积极讨论，发散思维，一步步聚焦"选对的—对中选优—优中选特"。这是小组讨论，在做中学习。

学习活动三：迁移运用。

结合刚才的交流，完成这句话：玲玲想了想，拿起笔，在弄脏的地方画了（　　　）。

让学生们思考更多解决问题的方法，只有这样，学生才有创造力，才有可能实现学以致用。

## 二、课堂的要素组合

从理论到实践有没有中观层面的模式可以给我们引领？让我们试着梳理著名的以"学为中心"为教学理念与特征的著名教改实验，就会发现这些成功的教学模式共通的核心要素，即先行学习、学情诊断、小组学习、随堂任务、帮助指导。统整学习的实施中，可以根据实际灵活进行要素组合，就能呈现多种样态的灵动课堂。可以从两个角度思考。

角度一，把教化为学。

把教化为学，其本质就是给学生提供一种自我探索、自我创造和自我表现的实践机会，让教学过程成为学生积极主动开动智力的过程。以五年级下册《金字塔》一课学习为例说明。

1. 帮助指导。①你对金字塔有什么了解？（地点、历史、外形。）你是怎么了解到这些知识的？（书中预习、课外了解。）今天读的课文与以前有什么不同？（学生略，教师小结，非连续文本特点。）②已经五年级下册了，同学们读懂课文不难，应该进一步去关注语言风格、表达形式等，大家再读读看。

2. 随堂任务。自主学习，写写批注。

3. 小组学习。①四人小组内交流讨论。②把班级划出四个区域，分为四个组，看哪个组发现最多？（语言的气势美，"金"的几层含义以及第二篇中各种信息等。）

4. 帮助指导。①我们来理一理这些信息，形成思维导图。你看，这样一联系，一梳理，大家了解就更全面了。非连续文本在阅读时要学会捕捉信息，学会联系发现。②如果是你介绍，你更喜欢哪种介绍形式？（看需要，第一篇介绍形式更注重艺术欣赏，第二篇有更多的信息量。结合起来阅读，会让我们对一样事物了解得更加全面。）③延伸。读书最重要的是读懂生活，你再读读课文，有什么问题想继续了解？（课后围绕金字塔收集资料，交流。)

通过"帮助指导＋随堂任务＋小组合作＋帮助指导"的要素组合，学生在课文的语言特色、写作意义、写作风格方面都已有了自己的理解，他们各抒己见，可以想象课堂有多"乱"，但这种"乱"是"向心"的。适度的混乱，通常比组织性高的群体更有效率，更有创造性。而教师在"乱"中发挥的作用只是梳理、引导学生将"杂乱"变得"清晰"。

角度二，温故而知新。

温故而知新，其本质就是激活、链接学生的原有认知，化难为易，学生就容易学会，学会了就更易激发其学习的兴趣和信心，从而使学习形成良性循环。比如一年级上册《ang eng ing ong》[①]的拼音学习课例就采用了"学情诊断＋小组学习＋帮助指导＋随堂任务"的要素组合。

1. 学情诊断。这是我们汉语拼音学习的最后一课，先猜猜看，你觉得这几个拼音宝宝读什么？你怎么猜的？(可以与 an，en，in 联系，an—g，a—ng)。

2. 小组学习。根据以往经验，拼音藏在故事的图画里。让我们一起走进故事《精彩过一生——ang eng ing ong》，听老师讲故事的第一部分："我们还是小婴儿的时候"。小组成员互相交流一下。此外，将图画与拼音相结合(课件隐去拼音)，自己把手中的音节贴在相应位置。

3. 随堂任务。自己看看图，找一找，ang，eng，ing，ong 藏在哪里？随着我们慢慢长大，还会做些什么？最后我们会变成什么呢？回家可以自己先读读看。下节课又将是一个先学后教的过程。

4. 帮助指导。听录音，用不同颜色的荧光笔涂一涂，分分类。你会怎么分类？然后分组读，你发现了什么？练习、正音后鼻音的发音。

总之，教学活动本身就是"教"与"学"的辩证统一。"教"服务于"学"，教师的主导作用在于对课程的整体把握。教师还可以根据实际，

---

① 林乐珍：《胖圆游历记——绘本拼音教学法》，24～26 页，上海，上海教育出版社，2018。

自由发挥，灵动组合。比如在学生处于基本独立的学习阶段，具有一定的独立学习能力时，就可以"先行学习＋帮助指导"，把学的主动权交给学生。统整学习的实施，关键站在学生的立场，组织学生自发自觉学习。

### 三、教学的未来追求

行文至此，我们的目光还仅仅停留在教师、学生、教材之上。当下，教育技术日新月异，在科技发展日新月异的大趋势下，我们有必要一起展望统整学习的未来新趋势，比如未来教室。

未来教室会有这样的功能：实时跟踪记载每个学生的学习情况，并通过辅助手段帮助其完成课程内容；教室一旦安装上新一代认知系统，还能结合云端操控、大数据展开学习分析。

未来教室会有这样的特质：教学大纲会根据每个学生的学习进度和个人风格来制定，而不是僵化统一的固定标准。

未来教室会有这样的能量：学习的数据可以飞上云端，教师无论身处何方都可以锁定同学们的学习进度，学习进度变得更直观，教学效果更具操控性，个性化教学得以实现。教室也可以有记忆、有温度、有情感、有互动。

其实，就在身边，正在悄悄生长着"未来教室"的样子——

提供自主创设课程的平台，创造专属的课程故事，体验多种的学习经历。

提供可视化的思维工具，让不一样的学生创造个性化的课堂。

教室环境可以按学生需要而变，根据不同的学习内容改变教学方式，使学生迅速进入最佳的学习状态。

自适应作业系统。这是一张奇特的课桌，每份作业都在云端漫步；错误识别、提供变式、自我诊断、反馈改进，尽在此处。

佩戴触控式技术了解学生所需，腕表感应，提醒学生喝水，规划学生的运动时间，记载学生成长的每一天……

这就是教室的未来进化。未来，教室不再是硬件，而是能感知人的伙伴；未来，每一间教室都有自己的"记忆"，能见证每一个人的生命成长！

语文课程实施的统整，教师、学生、教材，是一种研究角度，而教学行为、教学环境和教学成果，又是另一种研究角度。从这个角度切入，语文课程实施的统整"山重水复疑无路，柳暗花明又一村"。未来，我们期待本质回归！

[理一理]

教师支持与促进学生的学习，其本质在于赋予学生学习的权利。包括课前的策划，帮助学生把握学习内容的关键特征，将"教的课程"转化为"学的课程"；课堂的组织与实施，将"学的课程"转化为"习得的课程"，促成有意义学习的发生。见图4-2。

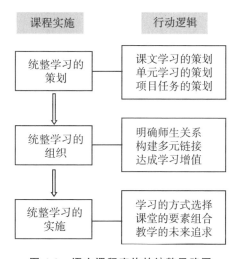

图 4-2　语文课程实施的统整思路图

[做一做]

拼音是一年级孩子在学习之路上遇到的"硬骨头"，以下案例是一年级上册《g k h》的教学。试分析这节课汉语拼音学习的关键特征是什么，本案例运用了哪些策略帮助孩子把握这些关键特征？

寻找我的一角

——一年级上册《g k h》的学习

一、构思立意

《g k h》一课有这么几个学习要点：识记、书写声母 g，k，h；学习 g，k，h 的二拼音节、三拼音节的拼读；拓展阅读儿歌《说话》，巩固拼音，识记生字"画、打"。

我们把这些知识点都整合在胖圆《寻找我的一角——g k h》的游历故事中，这个故事改编自谢尔·希尔弗斯坦的《失落的一角》，故事是这样的：

胖圆发现自己缺了一角，很不高兴，就去找自己缺失的一角。一路上，它和虫儿说说话，或者闻闻花香。有一天，走着走着，它来到小河边，一条小河挡住了去路。怎么办呢？拼音宝宝来帮忙，在拼音宝宝的帮助下，胖圆过了河。它又开始向前滚动，一路上历经风吹雨打，胖圆也找到了一些角，可是有的角太长了，有的角太大了，有的角形状又不合适。它找呀找呀，终于，有一天它找到了最合适自己的一角，它们组成完整的圆。胖圆带着这一角继续向前滚呀滚呀，因为变圆了，所以滚得很快，就这样，它白天滚、晚上滚……哎呀，不好！掉到山谷里了。这山谷呀，一边滑溜溜的，另一边好多尖尖角，怎么办呢？它努力往上滚，哎呀，好疼！再坚持一下，再来一次！哦，好疼，好疼！胖圆想，看来，圆圆的不一定就是好的，还是把这一角放下，做最好的自己吧，让这一角去最需要它的地方。于是它轻轻放下这一角，这一角来到尖尖角的山谷，尖尖角的山谷立刻变成了一个个台阶，胖圆就顺着一个个台阶一级一级地跳出了山谷。它爬过山坡，穿过草丛，这一天，胖圆来到树林里。听，什么声音？哗哗、咕咕、呼呼、嘎嘎、呱呱……是谁在说话？哦，小雨点、小鸽子、风娃娃、小鸭子、小青蛙都来了，小白兔也打着小鼓过来了。真热闹！告别了小树林，胖圆继续往前行，继续发现

100

美的世界……

故事中，胖圆过河、出山谷、到树林的情境巧妙实现了教材知识点的整合：

1. 胖圆过河的情境与学习 g，k，h 及其二拼音节的整合。

胖圆碰到小河，g，k，h 来帮忙。这里的小鸽子叼着花环、小蝌蚪贴着水草、打开的魔法盒刚好契合了 g，k，h 的音和形。而魔法盒里藏着几个单韵母 a，e，u 刚好可以与声母 g，k，h 组成二拼音节。在拼读中，这些二拼音节化为一块块石头，帮助胖圆渡过小河。

2. 胖圆跳出山谷的情境与学习介母以及 g，k，h 三拼音节的整合。

胖圆找到了合适的一角，这一角就是介母"u"，它掉到山谷，就把这一角轻轻放下，尖尖角的山谷有了这一角的帮忙，形成了一个个"三拼音节"，如：g—u—a—gua，上台阶就成了孩子们学习三拼音节最好的游戏激励。

3. 胖圆在树林的见闻与通过摹声词、儿歌的学习巩固拼音的整合。

树林里的各种动物以及它们说话声音的音节都是对之前学过的二拼音节、三拼音节的巩固。这样的情境，整合了拼音、识字以及摹声词的语言现象。同时，可以延伸到课外，如《小猪唏哩呼噜》里就有很多表示声音的词语，教师带着学生们一边回顾故事一边圈画，进一步引发学生阅读的兴趣，同时也可促进学生对课外阅读语言敏感度的培养。

上面这一则有关"完美"与"缺憾"的故事，值得我们深思。行进中的胖圆，好不容易追寻到那失落已久的一角，却无法与之一同前行。它是该失望，该守候，还是该继续前行？我们不奢望通过这个故事让学生获得怎样的哲思，只想通过这样一个小故事，引发他们在课外继续阅读原著的兴趣，回家后能把这个故事讲给大人听，这个讲述的过程就是很好的拼音巩固过程。

二、教学过程

第一步，认读声母 g，k，h，正确书写。

1. 故事情境：帮胖圆想办法。

师：一条小河挡住了去路，怎么办呢？（学生纷纷想办法）谢谢你们的好办法。你看（课件逐一出示图片鸽子、蝌蚪、魔法盒子）——

2. 借助图片，发现声母 g，k，h 与图片鸽子、蝌蚪、魔法盒子之间音、形的联系。

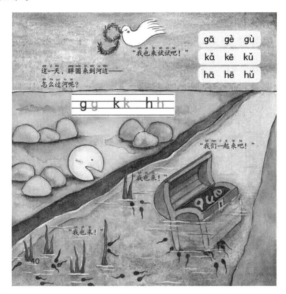

图 4-3 "胖圆过河"二拼音节学习插图

师：认真听，仔细看，有没有发现什么？（随着课件展示 g，k，h，教师示范读。）

3. 利用图画与字母之间的相似点来记忆字形。

4. 书写 g，k，h。

第二步，正确拼读 g，k，h 的二拼音节。

1. 故事情境：帮助胖圆过河。

师：魔法盒里的单韵母还认识吗？（a，e，u）这么多拼音宝宝，你们知道谁可以和谁交朋友？（出示：声母 g，k，h。）

2. 找一找，拼一拼。

引导拼读：ga，ge，gu，自主拼读：ka，ke，ku，自由组合 ha，he，hu。（音节逐一变成石块，成为过河的搭石。）

3. 巩固练习。

师：谢谢你们，有了它们的帮助，胖圆就可以过河了。我们一起加油。（学生拼读一个石块上的二拼音节，胖圆就跳过一个石块。教师随机把学生拼读练习评价和胖圆过河的情境相结合，如"不够有力气，胖圆跳不过去，再来一次。""跳过去了，继续加油！""跳过河了，掌声鼓励一下"等。）

第三步，正确拼读 g，k，h 的三拼音节。

1. 故事情境：帮助胖圆跳出山谷。

师：胖圆继续往前走，这一路上它也找到不少的角，可是都不适合自己。有一天，它终于找到一角，这一角正合适。（这一角上写着"u"。）它白天滚，晚上滚……呀，不好！掉到山谷里了……还是把这一角放下吧，让它去最需要它的地方吧。它轻轻放下这一角，这里也需要它，这里需要它，还有这里……（课件将写着"u"的这一角跳到尖尖角的山谷相应的地方，刚好与"g___a""k___a""h___a""g___o""k___o""h___o"组成了三拼音节，尖尖角的山谷立刻变成了一个个台阶。）

2. 拼一拼，跳一跳。

（1）指导拼读三拼音节：gua，kua，hua，识记"画"。

师：（课件出示 gua，kua，hua）这几个在一起谁认识？（学生尝试拼读，交流）明白了，关键就在"u"上，"u"呀，就像一个介绍人，一手拉着声母，一手拉着韵母，它自己很低调，所以读的时候又轻又短。（课件：将"u"缩小，并进行示范读、检查读、加上声调读，读正确了就出示相应图片，随机学习生字"画"。随着拼读，胖圆逐一跳上一级级台阶。）

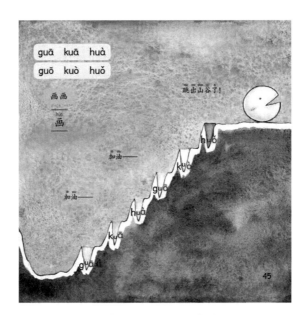

图4-4 "胖圆过河"三拼音节学习插图

（2）自主拼读三拼音节：guo，kuo，huo。

师：（课件出示 guo，kuo，huo）那这几个在一起你们还会读吗？（自由读）加上声调谁还会？不出声，用嘴型告诉我。（不出声读、指名读，读一个出示相应图片，随着拼读，胖圆一级级地跳上台阶，跳出山谷。）

第四步，练读巩固，学习儿歌《说话》。

1. 故事情境：胖圆来到森林。

师：胖圆跳出山谷啦，掌声鼓励下！胖圆继续往前走……这一天，它来到森林里，大家仔细听，听到什么？（课件播放《森林狂想曲》片段）

2. 拼拼读读，渗透摹声词积累。

（随着学生交流，贴出带拼音的词卡：哗哗、咕咕、呼呼，嘎嘎、呱呱，巩固拼读 ga，gu，hu，gua，hua。并指导"哗哗，哗哗"这样的逗号的停顿。）

**图 4-5 "胖圆森林听闻"摹声词学习插图**

3. 拼拼摆摆，形成儿歌《说话》，识记"打"。

师：是谁在说话？找找看。（图文对照，拼读，贴出动物词卡。）它们在一起怎么交朋友？（移动词卡，将动物和声音一一对应，形成儿歌《说话》。）这样一来，森林里的故事就发生了。（听录音《说话》，配乐齐读。）森林里还有谁会说话？（风娃娃说话，呼呼，呼呼。小花鼓说话，咚咚，咚咚。巩固本课拼音音节拼读，并识记"打"。）

第五步，课外拓展，课后延伸。

1. 故事情境：认识小猪唏哩呼噜。

师：（课件播放声音：是谁在说话呢，这么热闹？我也来看看。）谁来了？（出示《小猪唏哩呼噜》，学生拼一拼，读一读。）

2. 讲述部分故事，引导课外阅读。

唏哩呼噜是谁？（老师边讲述故事，边圈出摹声词，并随机引导学生模仿声音。）唏哩呼噜还遇到了月牙熊、麻雀姐姐，后来怎么样了？请同学们课后和大人一起读，还可以像老师一样把这些表示声音的词语圈出来。告别了唏哩呼噜，胖圆继续往前走，继续发现美丽新世界。

第五章

# 语文课程评价的统整

　　语文课程目标的统整带来课程系统的升级之三是语文课程评价的统整。

　　设计、实施、评价，三者间是相辅相成的，在设计课程之前，我们应同时进行评价的设计，清楚用什么方式来评价学生合适，并探讨如何设计评价。

　　灵动语文的课程统整旨在促进学生核心素养的发展，因此，其评价同样应有利于学生核心素养的全面发展。具体而言，应关注以下三点：一是评价目标应关注学生综合运用能力；二是关注教学中真实情境的创立；三是评价策略上要关注学生的学习方法及效果。

## 第一节　评价目标的确定

　　教师将抽象知识具体化，为学生提供可视化的评价支持，这是评价的第一个阶段，第二个阶段是学生将具象的内容抽象为模型，让深度学习得以真正实现。

　　因此，评价目标的确定首先要从课程标准出发，弄清楚通过课程内容的学习，学生能学会什么；其次，要考虑如何有机整合知识、情境和任务，使学生在情境中运用所学知识解决问题，最终实现学生核心素养的全面发展。

### 一、以课程标准为标尺

　　确定评价目标首先要从研究课程标准出发，主要有以下几个步骤。

　　步骤一，课程标准可视化。

　　以阅读能力为例，《义务教育语文课程标准（2022年版）》在第二学段有一段这样的描述："能复述叙事性作品的大意，初步感受作品中生动的形象和优美的语言，关心作品中人物的命运和喜怒哀乐，与他人交流自己的阅读感受。"这一标准如果不加以转化，简单搬用，很可能会偏离阅读能力的评价目标。

　　其实阅读能力的结构要素可分为提取信息、形成解释、整体感知、作出评价、解决问题五个层级，这些要素一般都是并存的，相互联系，相辅相成，既逐层深入又往返流动，只是在不同学段、不同文体，分布的倾向性有所不同。[①] 我们将课程标准要求与阅读能力的结构要素相结合，就能将抽象的描述转化为可视化的"评价标准"，从而为学生提供可视化的评价支持。

提取信息：能从文本中提取多个信息；

形成解释：能利用文本信息对相关问题作出合理的解释；

整体感知：能整体感知文本的主要内容；

作出评价：能对文本中的事件、形象、情感等形成自己的看法，作出判断；

解决问题：合理利用文本信息解决学习中的问题。

步骤二，评价标准进阶化。

有了以上的转化，评价标准就会比较清晰，可操作。但同样的评价标准落实到不同学段，还需要进一步分解和阐释，体现评价标准的进阶性。

以解释词语为例，课程标准在三个学段分别做了这样的规定："结合上下文和生活实际了解课文中词句的意思，在阅读中积累词语。""能联系上下文，理解词句的意思，体会课文中关键词句表达情意的作用。能借助字典、词典和生活积累，理解生词的意义。""能联系上下文和自己的积累，推想课文中有关词句的意思，辨别词语的感情色彩，体会其表达效果。"由上可以发现，描述中行为动词的进阶：从"了解、积累"到"理解、体会"再到"推想、辨别"。

再比如"把握文章的主要内容"是第二、三学段阅读能力的评价标准，从阅读能力层级来看，同样属于"整体感知"层级，但落实到不同学段，落脚点就会不同，可呈现如下进阶：

1. 借助关键语句理解一段话的意思。

2. 了解课文是怎么围绕一个意思把一段话写清楚的。

---

① 余琴：《小学语文阅读题研制的问题与对策》，载《教学月刊 小学版 语文》，2020(6)。

3. 了解课文在哪几个方面把事情写清楚了。

4. 了解故事的起因、经过、结果，学习把握文章的主要内容。

5. 关注主要人物和事物，学习把握文章的主要内容。

6. 根据要求梳理信息，把握内容要点。

7. 了解课文按一定顺序写景物的方法。

8. 抓住关键句，把握文章的主要观点。

步骤三，行为动词具体化。

有了以上把握，设计评价时，只要把这些行为动词具体化，评价目标也就确定了。

## 二、以综合运用为导向

要评价学生语文核心素养的发展水平，还需要根据语文学科的特点和性质，为学生创设情境化、整合性的学科任务，从而对学生的核心素养发展水平进行合理有效的评估。比如一年级上册第一个识字单元，我们拓展的评价目标为：

1. 通过象形字为核心的单元统整，在经历"你了解汉字的世界吗?"的单元学习中，掌握汉字的象形特点，感受祖先观察事物、造字的一般规律。

2. 通过图文结合、追溯字源、分类拓展等方法，学习整体象形、局部象形等象形字的特点，识记"天""人"等25个象形字，会写"口""牙"等11个象形字。

3. 朗读课文，背诵课文，了解对韵、传统礼仪等传统文化，在语境中认识"你""我"等13个生字，会写"一""二"等4个生字。

基于以上目标，可以设置"讲述汉字绘本，编绘汉字绘本"的综合运用任务：

1. 讲述绘本《你知道汉字的世界吗?》。三才—五行—人像—万物—对韵，每课都是一个故事，剪下"学生助学手册"附录页(见图5-1)，折叠成一本小册子，翻一翻，讲一讲。

图 5-1　汉字绘本《奇妙的汉字世界》

2. 在连环画故事中，藏着许许多多的象形字。这些字你都认识吗（见图 5-2）？读读看，它们多像一幅幅画呀！用这个办法，我们还可以认识更多的汉字呢！同桌合作，猜一猜，认一认。

图 5-2　象形字

3. 把汉字聚集在一起，也许能变成一幅画，串成一个新的连环画故事（见图 5-3）。选几个你喜欢的字，编个小故事，讲给爸爸妈妈听！

图 5-3　汉字故事连环画

4. 你还可以把你的故事画下来，编一本汉字故事绘本。选取几个象形字，学着附录页中绘本的制作方法，编写、绘制一本自己的汉字故事书，在班级展示分享。

这些源于生活的综合性学科任务，既激发了学生的学习兴趣和探究热情，也有助于考查学生综合运用知识解决问题的能力，促进其德育、智育的发展。纵向来说，这种做法又兼顾了不同层级水平的学生。

初级水平：掌握本单元知识点，复述绘本《你知道汉字的世界吗？》。

中等水平：能选择几个象形字串编故事，将口述视频上传班级微信群或网络平台与大家分享。

较高水平：能用象形字创编汉字绘本故事书，在展示区分享，根据同伴阅读后的"点赞"评价，分别评选"最佳创意奖""最佳故事奖""最佳美编奖"等。

这样的评价目标的最大价值是使学生在综合运用的过程中，进行深度理解与学习，利用评分规则引导自己进行自我反思、自我改进。

## 三、以高质发展为追求

高质量的发展是评价目标的终极追求，因此，思考如何顺应学生发展的内在规律，设置挑战性的评价任务，提升评价的发展价值也是确定评价目标的重要方面。

挑战性的评价任务不能再是学生凭借已有能力或已知思路完成的，而是在他人的帮助下或通过独立的思考形成新的思路、新的策略才能解决的问题。这一点可以从以下两个视角入手。

视角一，全时空视角。

社会是个大课堂。比如我们在一年级上册的拼音过关评价中，就为学生设计了"自己创作一张主题评价作品"的挑战性任务。

主题：植物园的各种植物、运动场的各种运动、校园的一角、旅游的历程、展览、春游、地方文化活动，等等，都是评价任务的获取渠道。

形式：可以拍照、可以剪贴、可以画画，形式不限。可以由家长帮忙写好音节，孩子拼拼读读，贴在相应位置。学有余力的孩子可以试着自己拼写。尽管学习汉语拼音初期不要求会拼写，但在今后低学段写话中，正确拼写还是会派上用场的。

通过以上方式，学生们可以随时参观，拼读、欣赏、评价他人的作品，反思、补充、完善自己的作品。有心的教师还可以从整体的视角，将一个个情境串联起来，就可以创生无数新的评价资源了。

视角二，全学科视角。

在拼音阶段性评价中，我们借助"海底世界"的情境，全学科合作，进行了这样的评价，分以下几个环节。

学生们自主拼读，根据各种海底生物的汉语拼音音节，制作一个个小作品。如：shān hú，chāng yú，等等。

然后小组合作，讨论怎么组合，怎么添加背景。一个个小组的物品组合成了形态各异的"海底世界"。

小组汇报评价后，音乐再次响起，学生们离开位置，各小组相互参观，互相介绍，一起拼读。

这样的评价，突破了学科限制，进行跨学科合作，这正是核心素养综合性特征的体现。

## 第二节　评价情境的设计

知识转化为素养的重要途径就是情境，知识只有与具体情境相融合，才能真实地体现它的价值。因此，在确定评价目标的基础上，我们要进一步考虑学生在什么样的情境任务中，需经历怎样的学习过程，采取何种学习方式，才能达到预期结果，最后根据预期结果与学习过程来创设真实的任务情境。

### 一、选择生活的评价情境

素养导向下的评价虽是倡导基于真实情境的评价，但并不意味着排斥书面评价。如何积极变革书面测评的形式，借助虚拟情境使评价的内容和方式引导学生进行有意义的学习是我们应解决的问题。

其实，采用生活化的情境性试题考查学生在特定的情境中运用知识解决问题的能力，是突破以纸笔测验为主的量化评价的一个关键点。比如，我们曾将真实的生活情境进行结构化处理，以模块主题进行编排，将系列化的情境评价变成一个绘本故事《神奇拼音船》①，每个模块配合教材或教学过程中的相应重点知识和技能，提供与其匹配的素材或任务。

入口，胖圆走进神奇拼音船。

——操控室，帮助工程师完成"韵母"代码表；

——研究中心，制造各种东西，做各类研究；

——图书馆，可以看书，还可以做自己感兴趣的事；

——植物园，这里藏着拼音宝宝；

——动物园，一起照顾来自世界各地的动物；

——儿童游戏室，有许多有趣的课程，通过汉字墙可以认字、书写声母；

——运动场，做运动，天天锻炼身体好；

——繁忙的城市，根据标志，找一找这些建筑在哪里；

——走出神奇拼音船，瞧，海里有什么，声母连一连，又有新发现啦！

一系列源于真实生活、复杂程度不同的典型情境，为实施汉语拼音的评价提供思路与范例。教师在使用时，可以跨越主题模块，统整评价内容。还可以缩格，就是保持情境不变，根据需求随时删减或增加评价内容。比如在学习单韵母和声母时，我们可适用"进入操控室""走进研究中心"和"来到图书馆"这三个评价情境（见图5-4、图5-5、图5-6)，调

① 林乐珍：《胖圆游历记——绘本拼音教学法》，115～116页，上海，上海教育出版社，2018。

整、替换评价内容，将声母和单韵母组成的各种音节融入其中。

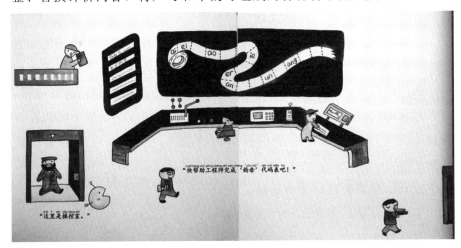

图 5-4  研究中心做研究

图 5-5  完成韵母"代码表"

**图 5-6　图书馆看书做事**

评价内容一：帮助工程师完成"韵母"代码表；

评价内容二：进入研究中心制造各种东西、做各类研究；

评价内容三：来到图书馆看各种书、做自己感兴趣的事情。

可以更格，就是根据汉语拼音的评价内容需要，创设新的评价情境，生成新的汉语拼音评价资源。比如可以结合学生们"家庭实验室"的实验，创设"种子生长"的评价情境：bō zhǒng，fā yá……学生们拼拼连连，突然间豁然开朗，哦，原来这是种子发芽的过程啊！

## 二、促进建构的体验情境

评价情境包括虚拟的生活化情境，更包括真实的问题情境，如何设置促进建构的体验情境，将评价与学生的实践活动紧密联系，是我们在评价情境设计时需要认真研究的另一个问题。

比如我们曾设计了一次"超市购物"的汉语拼音过关情境：在食堂一楼、二楼分别设置了6种类别的12个摊位，售卖90样商品。摊位类别有饮料酒水类、粮油调味类、水果蔬菜类、休闲食品类、洗化用品类和文具玩具类等。每类摊位皆以卡片代替实际商品，卡片上有图片和文字说明，且有专门的"售货员"——来自高年级的学生。一年级学生每人手持一份购物清单，清单上有三类物品，每类物品包含五种商品，皆由拼音组成。当然，购物清单并不是一样的，而是分 A、B、C 三类。学生需要拿着自己的购物清单在超市中找到相应的商品，向"售货员"拼读出正确的商品名称，"售货员"才能在其购物清单的相应商品上盖上印章，并给购买者代表商品的小卡片。这样，学生就算成功购买到了商品。当购物清单上的商品都被盖上印章时，就表示学生购物成功。当然，如果学生拼错了拼音或走错了商品摊位，就可能被记上一个圆圈。

这样的评价方式，更能激发学生的兴趣，也可考核学生对课堂知识的掌握程度。

### 三、指向本质的语言情境

"语文素养水平的差异主要表现在言语经验的整合水平上。整合水平高的学生不仅能够基于理解有效地掌握语文知识，而且其掌握的知识能够有效地迁移和运用，以解决新的语言运用情境下出现的问题。整合水平低的学生只能依靠大量重复记忆来保持既有记忆，学过的知识很难有效运用于复杂的情境，特别是陌生的情境。"[1]可见，我们在设计评价情境时还要特别强调学生言语经验的整合，把言语经验的结构化水平作为区分学生语文素养水平差异的重要标志之一。

比如我们将统编教材一、二年级 6 个集中识字单元与汉字构形文化结合，以 6 个"双要素"统整的学科项目式学习构成一个汉字构形文化识字新体系的《大单元识字教学》[2]（见表 5-1）。

表 5-1 "大单元识字"评价任务情境设计表

| 单元主题 | 评价任务情境 |
| --- | --- |
| 你知道汉字的世界吗？ | 讲述汉字绘本，编绘汉字绘本。<br>1. 讲述绘本《你知道汉字的世界吗》。三才－五行－人像－万物－对韵，每课都是一个故事，翻一翻，讲一讲。 |

---

① 王云峰：《基于课程标准的高中语文学业质量评价探析》，载《语文建设》，2018(11)。

② 林乐珍：《大单元识字教学》，10 页，北京，教育科学出版社，2020。

续表

| 单元主题 | 评价任务情境 |
|---|---|
|  | 2. 发挥想象，用象形字编故事。<br>3. 选取几个象形字，学着绘本的制作方法，编写、绘制一本自己的汉字故事绘本，在班级展示分享。 |
| 语文学习在哪里？ | 制作识字收纳袋，组织"识字达人比赛"。<br>1. 将识字收纳袋中的生字倒出来，按照不同标准理一理，可以是读音，如前鼻音、后鼻音、翘舌音、平舌音，也可以是字形，如相同偏旁，共同的识字方法等，可以是构字规律，如象形、会意、其他等，后期按照分类继续积累。<br>2. 自主设计识字收纳袋，按照不同类别，积累学习、生活中新认识的汉字，丰富收纳袋。 |
| 汉字遇上游戏怎么玩？ | 玩转汉字游戏。<br>1. 和同学玩一玩纸牌游戏、拼字游戏、猜谜游戏、风车游戏，在游戏中识字并掌握构字规律。<br>2. 会拓展玩法，按照游戏规则，选择、补充新的汉字内容，创造四种游戏的新玩法。<br>3. 根据汉字的不同特点，设计自己的汉字游戏，和同学一起玩。 |
| 面向未来，今天怎么学？ | 补充能量棒，规划学习计划。<br>1. 从"立德、寻美、探智、健体、乐劳"规划学习计划，认识并补充"能量棒"上的词语，并在生活、学习中努力完成。<br>2. 像"能量小火箭"一样，用自己喜欢的形式，图文并茂，制作一份日常操作的计划表，在班级展示分享，互相读一读，评一评。 |
| 你知道自然的密语吗？ | 制作旅行地图，介绍自然密语。<br>1. 探索森林密语、动物密语、田家密语，通过贴一贴、画一画，正确完成每一站的探秘之旅地图，并模仿课文介绍自己发现的自然密语。<br>2. 继续探秘大自然，自主选择主题，运用上述制作探秘之旅地图的方法，绘制新的自然探秘地图，在班级交流会展示介绍，师生共同评价。 |
| 中国名片知多少 | 制作一张中国名片。<br>1. 根据课堂学习分别制作"地图里的中国名片""日历中的中国名片""舌尖上的中国名片""汉字中的中国名片"。<br>2. 在课文学习基础上，围绕相同主题选择教材单元中的一两张中国名片，拓展相关汉字及知识，如"汉字中的中国名片""舌尖上的中国名片"。<br>3. 能够围绕"中国名片"的主题发散思路、自主选择主题，绘制中国名片，丰富中国名片。比如中国的珍贵动物、植物，或者以汉字文化为脉络，对学过的象形字、会意字、形声字等内容进行整理。在班级分享展示，师生共同评价。 |

学生通过完成这样的评价任务，既对之前学过的知识进行了巩固、梳理与拓展，又发展了自身能力，提升了素养。

## 第三节　评价策略的选用

语文课程评价的统整关注的是"每一个"学生如何学习和学会学习。将个人的发展作为评价的目标，就不能用整齐划一的评价标准去应对所有学生，而应照顾到每一个学生，让每一个学生都能做最好的自己。因此，评价是为学生发展找准方向，而不是甄别学生优劣。建构支持异步发展的评价机制，是选用评价策略的关键所在。

### 一、包容过程的不完美

学习就是从不会到会的过程，学生的认知过程没有必要一开始就很完美。当然，我不是说不要完美，而是允许他们有一段相对笨拙的学习过程。对于某些后进的学生要从发展、变化、进步的角度评价，激发其主体意识。

比如对拼音学习的评价，我们以学校办学理念"寻找我的一角，发现美的世界"为通关密语，设计了《神奇拼音船》的全程评价。

1. 过程性评价：学完一课，回家读读绘本故事，我们把每课的知识点都编在了故事情节中，暂时不会拼读的可以先放一放，以后学会了再补上去。整套材料中，每课的内容又是具有连续性的，学生在学完整套内容后，再复习一遍，查漏补缺，深化运用。这样，学生为自己的学习行为"导行"，在原有基础上提高，最后得到"寻找""发现"两个印章。

2. 阶段性评价：学完一个阶段，知识有没有化为能力？我们在图书馆二楼设置了一系列源于真实生活的典型情境，聘请高学段的学生化身"船员"轮流值班，一年级学生在此拼拼读读，评价内容由简单到复杂。

学习乐园——故事连连看。熟悉的古诗变成拼音，对知识一知半解的学生也能在情境中拼读、连线。该过程激发了每一个学生的积极性，就算暂时落后的学生也能得到奖章。

图书馆——图书分分类。图书馆里许多图书迷路了，请你拼一拼，把它们送回正确的书架。"这是童话书！""《十万个为什么》是科学书！""《乱七八糟魔女》这个故事老师讲过，应该放到数学的书架上！"图书整整齐齐地摆在了书架上。

动物园——动物套套乐。动物的名片快来拼一拼，拼出了给你一个圈，有机会去"动物园"套一套，看你套住了什么动物？

城市广场——城市地标我知道。告别了动物园里可爱的动物们，我们来到了城市广场。大城市里好多高楼大厦呀！但不同的建筑有不同的标志。"那个建筑有红十字的标志，可能是医院！""哇！公安局！""嘻嘻，还有电影院！"城市广场应有尽有，我们一起来逛街吧！

3. 挑战性评价：学有余力的同学，还可以继续闯关。

研究中心——拼音魔方和扑克牌。那里有拼音扑克牌、拼音魔方。让我们抽抽牌，玩玩魔方，比比谁才是真正的"拼音大王"！

就这样，学生从不完全掌握到完全掌握知识，获得了不同的奖章，这样的评价方式，不断地激励、引导着每一个孩子进行自我调整，自我改进，自我反思。

## 二、赋予评价的选择权

评价结果是客观的，但解读其结论却是主观的。评价时可以打破用相同评价标准来衡量所有学生的常规操作，充分考虑学生作为个体的发展需求，允许学生自己参与评价内容、评价标准的设计，使他们学会选择、学会反思。

比如在拼音的阶段性评价中，我们以"来到动物园照顾来自世界各地的动物"为评价情境（见图 5-7），提供所有动物的拼音，以及动物来自哪个国家的拼音，采用"一个样本多个标准"。

选择一：拼一拼，圈一圈，你照顾了哪些动物？暂时不会拼读的可以先放一放，今后会拼读了再圈出来；

选择二：拼拼圈圈图上的动物，再拼一拼贴纸上的音节，贴在相应的动物旁边；

图 5-7　去动物园照顾动物

选择三：拼一拼所有的动物音节，和相应的动物连一连，再拼一拼课件中显示的国家，说说你知道哪个动物来自这个国家。

这样的梯度，为不同水平的学生提供了施展的平台，学生们拥有选择哪些内容放进评价、哪些不放进评价的权利。评价成了学生们自己的需要，督促每一个学生都能"做最好的自己"。

### 三、保证小组的协作性

在实践中，我们可以将班级内的学生按照学业表现、性格爱好、特长等综合因素，合理组建异质学习小组。小组成员在学习评价中不断交流，增强合作意识，提高学习效率。

例如，在复韵母学习的评价时，我们就凭借"进入操控室"的情境，设置了帮助研究员完成"复韵母代码表"的小组协作评价：读一读这些复韵母，你有什么发现？看看哪一组发现最多？学生们围绕这个生活情境的开放问题，运用各种感官来观察事物，找出其特点。有的小组运用分类法，有的小组一边拼读，一边找感觉，有的小组一人读，其他人观察。小组成员一起探究规律：复韵母都是由多个单韵母组成，后鼻韵母有三个；在读音上，复韵母都是从前面的字母读音滑到后面的字母；前面读得长些，后面读得短，有的音会发生一点点变化……

在学习评价的整个过程中，各个层次的学生都参与其中，他们吸收他人发言的长处，补充和纠正自己的观点，这不正是我们要追求的高层次思维能力的行为表现吗？

**[理一理]**

语文课程评价的统整应有利于学生核心素养的全面发展。具体而言，一是目标的确定要以课程标准为标尺，以综合运用为导向，以高质量发展为追求；二是根据预期结果与学习过程创设真实的评价任务情境，促成知识转化为素养；三是建构支持异步发展的评价机制，为"每一个"学生的发展找到方向（见图5-8）。

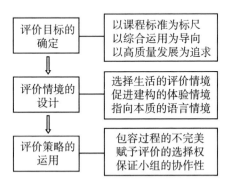

图5-8 语文课程评价的统整思路图

**[做一做]**

语文课程评价的统整是多元且丰富的，要同时关注过程性评价和总结性评价，运用多种评价策略、方法与工具，促进学生自我反省能力。以下是我对五年级下册综合性学习《遨游汉字王国》的二次开发，请试着阅读，本项目任务如何体现目标、实践、成果、评价的一致性？

有趣的汉字表达①

——五年级下册综合性学习《遨游汉字王国》的教学与思考

一、学习背景

统编教材五年级下册的语文综合性学习《遨游汉字王国》安排了一组阅读材料：字谜、有趣的谐音、汉字的字体演变、形声字的造字、书法等汉字艺术、汉字的规范表达等。初看，似乎零散、不连贯，但用心观

---

① 本案例为笔者在全国"千课万人"小学语文统编教材"新课文新学程"教学网络大会执教的公开课：五年级下册《"遨游汉字王国"综合性学习（一）》。

察，会发现这些知识背后的实质就是"汉字是音、形、义的统一"，其核心概念是"汉字的表达"。从这个视角切入，我们对文本材料就有了创造性的解读，围绕"汉字的表达"，整个单元可以分为两个主要学习任务：一为"有趣的汉字表达"；二为"被误用的汉字表达"。

我们再来看看关键能力的纵向进阶，统编教材在三年级到六年级各安排了一次语文综合性学习，四次综合性学习的"语文要素"都指向信息获取与运用能力：三年级重在收集已有的信息；四年级重在有目的、有选择性地搜索信息；五年级重在整理信息，运用信息，研究问题；六年级重在整理运用信息的基础上，策划活动、展示活动。四个年级的能力目标前后联系，体现了不同的梯度和结构层次。

（语文综合性学习显然不是教给学生离散的知识片段，而是需要围绕核心概念进行学习，用高阶学习覆盖低阶学习，让学生通过学习材料完成学习任务，进而理解知识背后一般的规律。）

二、学习目标

由此，我们可以确定《遨游汉字王国》综合性学习的学习目标：

1. 有趣的汉字表达。搜索、整理汉字字体演变、造字方法、汉字游戏、汉字艺术、汉字创造性表达等阅读材料，了解有趣的汉字表达，激发喜欢汉字、研究汉字的兴趣，并能选择不同的表达形式推荐"我的年度汉字"。

2. 纠正被误用的汉字表达。通过调查、梳理、归因、分析汉字误用的原因，提出规范使用汉字的措施、建议，形成研究报告，从而热爱汉字，敬畏汉字。

（本文撷取的是学习任务一"有趣的汉字表达"的学习，从以下教学实录可以看到，在这个核心概念下，汉字表达的历史—汉字含蓄的表达—汉字艺术化的表达—汉字创造性的表达等一系列特定内容主题就像一个个锚，一个个阶梯，使"有趣的汉字表达"落地生根。）

三、驱动性问题

每个人都有一个自己的"年度汉字"，让我们跟着年度汉字一起走进有趣的汉字表达。你准备选择怎样的表达形式推荐"我的年度汉字"，引起别人共鸣？

（嵌入学生感兴趣的"年度汉字推荐会"的情境，既指向核心知识"有趣的汉字表达"，又让学生有足够的代入感。）

四、教学过程

表 5-2 教学过程

| 过程 | 具体流程 | 评价 |
|---|---|---|
| 引入 | 师：大家听说过"年度汉字"吗？听听相关的介绍（播放"年度汉字"的介绍视频）。<br>生：年度汉字就是一年内最具有代表性的汉字。<br>师：是呀，一个汉字，胜过千言万语，一个汉字，包含时事万千，这次综合性学习，我们就跟着年度汉字一起走进有趣的汉字表达。 | |
| 建构知识与技能 | 1. 汉字的表达历史。<br>师：（出示材料"汉字字体的演变"）汉字是世界上最古老的文字之一，在漫长的历史长河中，汉字的字体发生了一系列的演变。阅读过这个材料吗？我们来理一理时间轴。最早的汉字是——<br>生：甲骨文，就是刻在龟壳和兽骨上的字。<br>师：猜猜看，这两组是什么字（见图 5-9）？<br><br>**图 5-9 两组汉字**<br>生：（略）。<br>师：你看，这就是汉字，一个汉字就是一幅画，以形表义是汉字很重要的特点。但随着时间的推进，甲骨文逐渐演变为——<br>生：金文—小篆—楷体。 | 知识与能力评价：<br>1. 借助时间轴整理汉字字体的演变过程，了解汉字统一的关键节点的历史意义。<br>2. 运用构字特点猜猜、认认汉字。 |

续表

| 过程 | 具体流程 | 评价 |
|---|---|---|
| | 师：其实我们籀园的"籀"字也是一种字体，叫籀文，出现在小篆之前，叫大篆。这里有一个很重要的时间节点，就是秦始皇统一了全国，也——<br>生：统一了文字。<br>师：文字的统一不仅方便了沟通，更重要的是它意味着政治的统一和文化的统一。我国是一个多民族的国家，文字的统一具有重大意义。所以，还有一个很重要的时间节点，就是 2000 年 10 月，我国颁发了——<br>生：《国家通用语言文字法》，确立了普通话和规范汉字作为国家通用语言文字。<br>师：这样一梳理，你们有没有发现？<br>生：为了方便通用汉字的字体变得越来越简化了。 | |
| 建构<br>知识与<br>技能 | 2. 汉字的含蓄表达<br>师：(播放关于象形字"门"，会意字"闪、闯"以及形声字"闻、阔"等的造字视频)看了视频，你又了解到汉字的哪些特点？<br>生：汉字中有很多的形声字，占 89% 以上。汉字有象形、会意、形声等多种造字的方法。<br>师：还有一种，你看我画(随手画"上"的造字)，这种造字法就是"指事"，那么"下"怎么写？<br>生：地平线下面点一下。<br>师：因为汉字的造字特点，自古以来，人们创作了很多含蓄的汉字表达，比如——<br>生：字谜。<br>师：(出示字谜阅读材料)猜过吗？猜出几个？交流一下。<br>生：(略)。<br>师：总之，先把汉字拆一拆，然后通过加一加、减一减、联一联，就能创作出一个字谜来了。那我们能不能用上这些方法编一个字谜，可以是文字谜，可以是图画谜，还可以把谜语藏在故事里。<br>生：(小组内每人选择一种方式编字谜。组内交流，修改。最后小组派代表交流。) | 知识与能力评价：<br>1. 运用汉字构形规律猜字谜、编字谜。<br>2. 尝试根据汉字构字特点创造汉字游戏。 |

续表

| 过程 | 具体流程 | 评价 |
|---|---|---|
| | 师：大家都是字谜高手！汉字含蓄的表达还有很多，我们一、二年级小朋友们在学习的《有意思的大单元识字》，有一个单元就是汉字游戏，比如风车游戏，把汉字藏在风车里，比如说，拼字游戏，拼一拼，变出一个字。有趣吗？ | |
| 建构知识与技能 | 3. 汉字的艺术表达。<br>师：（出示阅读材料"书法欣赏"）我还发现更有趣的汉字表达呢。这是什么？<br>生：书法欣赏。<br>师：为进一步了解，林老师就在"中国知网"输入关键词"汉字书法艺术"，出来一批文章，在其中一篇文章中发现了这么一段话。（出示：汉字的形体也能反映艺术家的思想情感，如米芾笔下的"山"苍劲有力，气势恢宏，与他的山水画神韵非常相似；而在郑板桥笔下，"心清水浊，山矮人高"中的"山"却是那么单薄、矮小。）汉字的"形象性"为它的艺术气质奠定了基础。你看，以汉字创作的剪纸艺术、篆刻艺术、扇面、牌匾。这些都是汉字的艺术表达。 | 知识与能力评价：<br>1. 感受汉字书法艺术。<br>2. 学习初步欣赏书法作品。 |
| | 4. 汉字的创意表达。<br>师：汉字还可以创造性地表达。（出示阅读材料"有意思的谐音""枇杷"和"琵琶"）很多歇后语就是利用了谐音的特点，很多汉字笑话也是来源于汉字的谐音。这就是汉字，每一个汉字都是音形义的完美统一，每一个汉字都是有灵魂的，总会让人产生无限的遐想，创作出很多有趣的表达。不管是不同的字体的表达，还是含蓄的表达，还是艺术性的表达，创造性地赋予它新的含义，都是为了更好地解释意思，传递情感。<br>（这是本次启动课的重点环节，聚焦需要深刻理解的核心概念"有趣的汉字表达"，根据学生的认知逻辑，统筹安排学习内容的先后关系及内在逻辑，引导学生以结构化的方式学习与思考。） | 知识与能力评价：<br>1. 拓展了解汉字多样的表达艺术。<br>2. 收集并探究人们基于汉字的音、形、义，赋予汉字的新含义。 |

| 过程 | 具体流程 | 评价 |
|---|---|---|
| 完成作品 | 师：其实，每个人都会有一个自己的年度汉字，听听他们怎么说？（播放上海市民年度汉字采访视频）想一想，过去一年有哪些画面一直留在你的脑海？你想到了用哪个字作为你的年度汉字呢？每人写在便利贴上，然后在小组内说一说理由。<br>生：（略）。<br>师：如果要推荐这个字，引起大家的共鸣，还要学会好好表达，你觉得还要进一步研究这个字的哪些方面？<br>生1：要查一查这个字包含什么意思。<br>生2：了解这个字的字体演变过程是怎样的。<br>生3：我要查一查这个字书法家们有哪些书法作品。<br>生4：研究下这个字是怎么造的。<br>生5：这个字有没有其他读音或者同音字。<br>师：（随机在板贴相应位置打上问号）那就根据你们的研究内容做好小组分工，完成"我的年度汉字推荐任务单"。这里给你们提供一个小贴士，推荐几个专业网站、几本专业书籍、几位汉字专家以及你们研究过程中可以随时咨询请教的老师（略）。<br>生：（小组分工，略。） | |
| | 师：林老师再说明下后一阶段的任务，查阅了资料后，每个人先自主思考：你准备怎么表达这个字？可以直接表达或艺术化表达，如书法、不同字体等；可以含蓄地表达，如编字谜、汉字游戏等；也可以创造性地表达，如谐音、汉字图形等。一周之后，小组合作，讨论表达的方法，尽量选用不同的表达方式来呈现。成果以小组为单位形成作品集，这项必做，还可以增加视频、课件等形式的成果。期待我们下一阶段的年度汉字推荐会，看看哪几个年度汉字能够高票当选。 | 小组合作评价：<br>1. 组长能较好地组织小组成员展开讨论；讨论氛围积极，合作融洽；讨论有效果，分工明确，较好地完成任务单。<br>2. 完成成果的过程有分有合，根据需要请教相关老师，在老师帮助下进一步查阅，丰富资料，深入探究，不断修订、完善个人成果，并形成小组成果。 |

续表

| 过程 | 具体流程 | 评价 |
|------|---------|------|
| 呈现作品 | 举行"我的年度汉字推荐会"，展示成果。 | 个人成果评价：<br>1. 初等水平：进一步针对"我的年度汉字"搜集资料，分类整理资料；选择一种方式恰当表达"我的年度汉字"；清楚阐述"我的年度汉字"推荐理由。<br>2. 中等水平：针对"我的年度汉字"多角度搜集资料，运用资料；选择一两种恰当的表达方式推荐"我的年度汉字"，关注作品的美观；较有感染力地表达"我的年度汉字"推荐理由。<br>3. 稍高水平：针对"我的年度汉字"多角度搜集资料，形成较深刻的理解，整合运用资料；用恰当的表达方式推荐"我的年度汉字"，作品表现效果引人注目；较有感染力地表达"我的年度汉字"推荐理由，引起他人共鸣。<br>小组成果评价：<br>各小组展示"我的年度汉字"作品，介绍研究过程和研究成果，相互评价，也认真记录他人的意见和观点。评出"最佳合作小组""最具创意小组"等，并投票选出最能引发共鸣的"十大年度汉字"。 |

第六章

# 语文课程的跨学科统整

核心素养，就是人在复杂情境中解决问题的能力。要解决问题往往需要统整不同学科的知识和资源。因此，灵动语文的课程统整，打破学科之间的界限势在必行。可以说，语文课程的跨学科统整是灵动语文课程统整的整体发展趋势，也是语文课程统整的又一设计线索。

语文课程的跨学科统整是立足语文学科，借助多门相关学科进行相互渗透、融会贯通的过程。

## 第一节　跨学科学习方式的统整路径

每个学科都具有其特有的学习方式，久而久之便会形成路径依赖，阻碍创新。通过跨学科学习方式的统整，可以撬动多样化学习方式的变革，弥补单一学科的学习缺陷。

### 一、优化学习方式的设计思路

优化学习方式的设计是指大胆借用、移植其他学科的观点和思维方法，让学生从单一的习惯性的思维中超脱出来，运用多样化的学习方式促进学习。

比如四要素是叙事作文最初级的形态，是较为常见的叙事言语模块。平时我们总认为写话只要"有东西可写"，就一定能"写出东西来"。其实，作文哪有这么简单？将生活积累"转化"为写作内容，这中间还有一个非常复杂的转换过程。写作过程是依据一定的"写作图式"展开想象，若学生心中没有可激活的写作图式，再生动的情景也可能无法描述出来。从这方面讲，简单地重复性地写作，并不会使学生写作能力提高。好的作文应该是"规范写作"与"自由写作"的完美结合。因此，在学生第一次叙事话题的写话中，就应该有这种"全局观念"，扎扎实实打好基础。学生只有"能写""会写"，才能"乐写"，这样就形成了一种良性循环。

那么，问题来了，叙事最基础的"四要素"太抽象了，如何以生动有趣的方式降低四要素描写的抽象性，让学生爱上写作？我做了如下跨学科学习设计。

学习目标：学习叙事四要素。

学习资源：(科学)七巧板、(美术)孩子们猴山游玩图、(信息)猴山游玩视频。

学习支架：七巧板摆娃娃。

一、看图，明确叙事"四要素"

我们到哪里了？(猴山、动物园、猴子的家等)去干什么？(喂猴子、看猴子表演)记录美好的时光，说说这是什么时候？(可以从一天的早上、中午、下午来讲，也可以从一年四季来讲，从星期几来讲。重点引导学生发现春天，培养其仔细看图的能力。随机贴上不同形状的七巧板，见图6-1。)

**图6-1　句子"四要素"**

二、"句子变魔术"：学习"四要素"句子的规范表达

1. 常规的"四要素"句子。

师：孩子们，不知不觉，我们已经了解了这么多，把它们连起来就是一个句子娃娃。谁会说？(练说基础上移动贴图，句子娃娃跑来了！见图6-2。)

2. 变式的"四要素"句子。

师：其实呀，句子娃娃会变魔术，你把它们的顺序变一变，它们就会再变出一个句子娃娃来。(边说边摆出另外四个相同内容的词语，练说基础上移动贴图，句子娃娃走来了！见图6-3。)

图 6-2　"四要素"句子娃娃(1)　　　图 6-3　"四要素"句子娃娃(2)

3.掌握逗号、句号的规范使用。

三、"句娃娃巧打扮"：学习"四要素"的具体表达

多可爱的句子娃娃，林老师想给它打扮打扮。

1.把时间说具体：（　　　）的春天。引导学生回顾积累的词语，灵活运用。

2.把事情说具体：（　　　）地去动物园。

3.连起来把句子说具体：我会说，柳绿花红的春天，我们高高兴兴地到动物园看猴子。我还会说，我们在莺歌燕舞的春天开开心心地到动物园看猴子。你会怎么说？选一个娃娃说说看，先在心里默默地说。会说了再站起来说。

【课中操】

摆，摆，摆娃娃，/一个娃娃跑来啦！

摆，摆，摆娃娃，/句子娃娃走来啦！

摆，摆，摆娃娃，/句子娃娃真漂亮，/真漂亮！

（在音乐声中，学生边拍边说，做课中操。）

4.把场面说具体：继续打扮句子娃娃。其实呀，林老师最想打扮的是这个句子娃娃——看猴子，怎么看的？先看到什么，后看到什么？我们也给它打扮打扮。

（1）说图上的猴子。先到这儿看看（课件：将图上猴山上猴子部分放大），拿个放大镜仔细看，你看见什么？（点名回答，其他同学认真听，看看能不能从图中找到相应的猴子，找到了说明同学描述得好。）

（2）拓展说一下图外的猴子。旁边更好玩呢，我们也到旁边看看吧。（播放视频）你还看见了什么？（指名说，同桌互说）

学习评价：掌握"四要素"句子的规范写作。

1. 发现规范格式。（开头空两格，标点独立占格等。）

2. 独立写话。分层要求：规范地写写这件事，写写看见了什么，还看见什么。（教师巡视，评改；选出小老师，共同评改。）

3. 回顾整理。通过这节课的学习，林老师有个问题想问问你们，（课件出示）圆圈＋三角形＋平行四边形＋小弧角＝？句子娃娃呀，会变魔术，换换位置会变出不同的句子娃娃。打扮打扮又会变出好多好多不一样的句子娃娃，我们长大以后还会学到很多很多句子。句子多了，就可以组成一篇作文，那你就可以成为小作家啦！

通过摆一摆七巧板的动手实践，相同的元素通过不同的摆放就有了不同的图形，这种学习方式移植到语文学习的"四要素"写话中，枯燥的知识学习随之变得活泼起来，学生在教师的引领下，按照写作的需要有意义地组织建构，形成新的写作图式：

"句子变魔术"——规范表达。"四要素"句不同的组合，可以有不同的表达，其实这里还可以有一种组合：春天，动物园，我们在看猴子。但这种组合方式对于二年级学生来说有点难，所以不做要求。当然，还可以将"四要素"选择性地运用。这个层面的教学是一个落实规范表达的过程，先规范再灵活，走好扎实的第一步。

"句子娃娃巧打扮"——从规范走向灵动。调动学生原有积累，加上合适的词句，通过细节描述将作文写具体。"句子娃娃"一打扮，"千人一面"的句子变得"多姿多彩"，实现了童真语言与规范语言的有机统一，写作从规范走向灵动。

经历这样的认知过程，学生对学习叙事作文的书面表达逐渐从模糊到清晰，从不规范到规范，头脑中会形成一种"写作图式"，即写一件事应该先了解"四要素"，这四个要素可以组成一句话，也可以有不同的表达。当学生头脑中的某种图式被激活以后，就会成为其组织、加工语言文字的基础，在他们今后的学习生活中，提笔写事就能够从容规范。随着年级的升高，我们可以继续通过各种手段，优化学习方式设计，引导、扶持学生去构建、储备、完善自己的"写作图式"。

## 二、拓宽学习方式的多样选择

跨学科学习方式的统整为我们拓展学习方式提供了思考的空间和路径。以下列举几种常用的学习方式。

学习方式一，具身学习。

具身学习就是基于身体，通过身体体验获得认知，具有实践性活动性的特征。比如学习四声音调时，我们运用了"胖圆学滑冰"的情节（见图 6-4）：

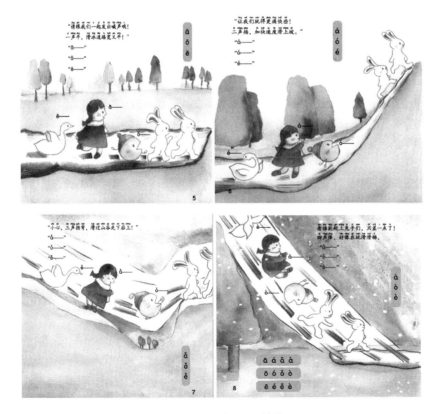

图6-4　"胖圆学滑冰"情节图

137

兔子们施展魔法，阿花妹妹(a)、胖圆(o)、白天鹅(e)一起跟着兔子的魔法向前滑，滑过的地方都神奇地变成冰路，大家越滑越快，滑过宽又平的地面，滑过陡峭的山坡，滑过幽深的山谷。

学生们通过角色转换，站起来"手舞足蹈"地和教师一起边读声调边做动作，耳朵、嘴巴，身体等各种感官调动起来，掌握记住了四声音调的窍门：一声平又平、二声往上扬、三声下来又上去、四声往下降。在具身学习体验、感悟、迁移中，促成真正意义的学习。

学习方式二，情境学习。

情境学习就是运用学生在其他学科或生活中的体验来创造有意义的课堂学习。比如二年级下册有篇识字课文《中国美食》，就可以和营养健康课程结合，并结合学生平时的营养早餐打卡，展开了如下学习设计。

1. 展示打卡的营养早餐，走进《中国美食》，正确读菜单。

2. 了解美食。第一，移动菜单词卡。从食材上，区分荤菜和素菜；从烹饪方式上，有与"火"有关的，有凉拌的；第二，发现书写变异。都与"火"有关，偏旁为什么不一样？（拓展四点底的字，燕子的"燕"比较特殊，四点底表示尾巴。）

3. 回顾营养早餐。第一，取名字，写下来（巩固生字）；第二，从荤素搭配的营养角度提提建议；第三，制作营养健康早餐菜单。

4. 拓展：观看《舌尖上的中国》。做一张美食名片，可以是家乡的美食名片，也可以是不同地域的美食名片，或各种特色名片、营养健康名片等，图文结合。

学习方式三，游戏化学习。

学生学习知识和技能的根本目标是解决问题，因此，我们可以通过游戏，创设大量的"问题解决"情境，帮助学生转变学习方式。

比如，前面第三章提到的 g，k，h 拼音学习，即将 g，k，h 的二拼音节巩固练习转化为"胖圆过河"的游戏："胖圆来到小河边，一条小河挡住了去路。怎么办呢？拼音宝宝来帮忙（出示：g，k，h，a，e，u）"

随着学生的拼读、组合，一个个二拼音节化成一块块石头，帮助胖圆跳过小河（见图 6-5）。

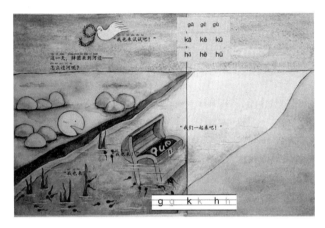

图 6-5 "胖圆过河"情节图

总之，我们要立足跨学科统整的高度，拓宽学习方式的路径，尽可能地为学生提供多样化的学习方式，让"每一个"学生学得有意义。

### 三、凸显学习方式的有效联结

明确了跨学科学习方式统整的价值，即"为什么"，以及跨学科学习方式统整的常见形式，即"是什么"之后，还要思考如何有效联结众多的学习方式，才能进一步提升统整效果。

国际著名脑科学家加里·斯摩博士根据脑科学研究成果，提出了几种有效联结的技巧。尽管这几种技巧主要针对有效记忆，但这也为我们建立有意义的跨学科学习方式联结提供了思考的路径。

路径一，转化。

比如我们前面说的借用科学七巧板来转化"四要素"句的学习方式，一个个句子娃娃巧妙地转化了四要素句，不同的组合有不同的姿态，句子娃娃的"多姿多彩"就是"四要素"写话的灵动表达。

路径二，包裹。

按照加里·斯摩博士的说法就是"用一个图像包裹住另一个"。比如我曾经在一次全国会议上与同人同课异构了一年级下册的《古对今》，就借用了数学课中的魔方来"包裹"，我称之为"玩转汉字魔方"。

学习目标：认识本课生字，理解新词，了解对应规律。诵读对子歌。

学习资源：（数学）魔方，（美术、信息）太阳升落的昼夜更替、四季轮回图片、视频；（音乐）吟诵古韵。

学习支架：汉字魔方。

1. 制作汉字魔方。

学习"晨、暮、朝、夕、朝霞、夕阳"。动画展示，识记"晨、暮、朝、夕"——图文结合，理解"朝霞、夕阳"。

理解"春暖、严寒、酷暑、和风、细雨"，积累"和风细雨"，识记"凉、寒、暑"。

发现对韵，制作魔方。

2. 玩转汉字魔方。

同桌玩。掌握文中的对对子，并回顾迁移运用。

变着法儿玩。变成对韵歌，发现秘妙，吟诵。

挑战着玩。三字对……

课后继续创造汉字魔方。

学习评价：玩转汉字魔方的过程也就是评价的过程，教、学、评一体化。

这样，玩转汉字魔方的学习方式"包裹"了其他诸多学习方式，循着"制作汉字魔方""玩转汉字魔方"的线索，后续还可以继续延伸，从三字对到四字对再到对联、古诗等，从一阶魔方到二阶魔方再到三阶魔方，使学生实现了深度学习。

路径三，支持。

我认为支持就是"支架"。比如将三拼音节的学习化为"胖圆跳出山谷"的游戏，其实就是围绕着"三拼音节"的介母、拼读等学习方式展开，目标达成了"支架"也就可以撤掉了（见图6-6）。

**图 6-6 "胖圆跳出山谷"情节图**

路径四，融合。

顾名思义，融合即把两个图像合并或融汇在一起。比如前面举例的"胖圆学滑冰"，整个学习活动中，学生们化身为小胖圆，滑一滑，亲自体验四声奥妙。整个过程中，他们就是小胖圆，小胖圆就是他们，这种你中有我，我中有你的学习方式，就是融合。

总而言之，通过跨学科统整撬动多样化学习方式的变革，是语文课程跨学科统整较为常见的、最基础的方式。

## 第二节 跨学科学习主题的统整策略

### 一、由上而下的梳理聚焦

语文三年级上册有一个以观察为主题的学习单元，让学生通过观察去梳理其他学科的学习内容。通过学习，我们会发现各学科中关于"观察"的不同内涵，比如科学的观察注重实验、对比；美术课素描需要细致观察，漫画要抓住特点放大化观察等。

这样一关联，主题随之丰满：观察是看，是仔细地看，是边看边想，是持续地看；观察是多感官地看，听、闻、摸、尝都是观察，随着年段升高，观察还包括移步换景、全方位观察，透过现象看本质。总之，观察就是与这个世界的遇见，是一种洞察力。拥有洞察力的人做事就会遵循事物运行本身的规律，当然效率更高。虽然我们每一门学科核心素养中都没有提及"洞察力"，但这种跨学科素养应该引起我们重视。

因此，我们就聚焦"洞察力"这个大概念，由上而下梳理，可以开展这样的跨学科项目学习：

学习目标：怎样拥有洞察力？

学习资源：语文、科学、音乐、美术、信息技术等跨学科统整。

学习支架：

1. 语文：《搭船的鸟》与信息技术整合，制作微信名片。①填写名片的主要信息。通过初读课文，把握名称、外貌、特点等课文主要信息。②给名片加一张图像。研读翠鸟外貌，对比区分，选择图片，形成翠鸟画像。③让名片动起来，彰显特色。理解课文描写翠鸟捕鱼的片段，制作翠鸟捕鱼动态图，④给名片加个背景，使其成为一张有特色的动态微信名片。

初段：从《金色的草地》体会细致观察和发现事物变化，明白观察是边看边想。习作例文《我家的小狗》侧重细节观察，发现小狗"王子"的淘气可爱。《我爱故乡的杨梅》侧重多感官观察。

中段：继续观察，学习观察的多种方法。

高段：透过现象看本质。比如《落花生》，我们的教学往往会停留在外在美重要还是内在美更重要的辩论阶段，其实作者善于透过现象体悟人生哲理的思辨精神更值得学生去领悟，教师可以拓展相关文章，引导学生联读。读一篇带一类，从读书到读生活。

2. 科学：家庭实验室。选择一种植物，通过定量观察，控制某个变量，观察其生长状况如何，等等。一个"生态瓶"项目研究，让学生明白科学的观察是论证，如何通过观察检验结果，发现现象背后的规律。

3. 美术：重点观察法。如漫画，关注把握其特点，表现其特点的方式。即由欣赏作品到将欣赏能力迁移出去。

4. 音乐：听出来的世界——欣赏悠扬的音乐，你想到什么？欣赏沉重的音乐，你想到什么？欣赏《森林狂想曲》，想象场景。

通过这样的梳理，整个主题从量变逐步质变，学生在观察项目中，逐步形成了一种洞察事物的能力。

### 二、由下而上的经验凝练

由下而上的经验凝练是跨学科主题统整的另一种有效策略。学生们掌握的各类信息量多了，"杂合种种，合成一个"，思维方式就会改变，教育教学就会发生内核聚变般的极速提效。

比如六年级上册有一个"学写倡议书"的习作任务。结合当下学生接触电子产品多的现象，我融合、重整数门学科内容进行了主题统整，形成了议题"倡议健康上网"。

学习目标：写倡议书，健康上网，对学生争取晓之以理，动之以情，化之于行。

学习资源：使用教材中有关网络的优势的资料，以及可预防近视的营养健康菜谱等素材，引导学生思考、感悟、研究。

学习支架：

1. 辩论形成观点：小学生上网利大于弊还是弊大于利？

利：网络使我们的生活方便了。

弊：浪费时间，长时间上网有可能导致近视。

达成共识，引发新的观点，应该扬长避短，健康上网。

2. 论证：如何健康上网？

链接"科学"学科，拓展阅读网络知识：计算机是怎么形成图像的？引发思考，会不会影响视力健康？

链接"生理卫生"学科，拓展阅读健康上网知识：蓝光除了会使眼睛感到疲劳外，也会影响到人身体的其他机能，因此，要学会健康上网，使用计算机时要注意适当休息，保护眼睛。

链接"信息技术"学科，学会高效上网。学会搜索，借助"网络搜索引擎"拓展阅读，全面了解某一方面知识。

3. 表达：写写倡议书。

链接倡议书范例，了解倡议书的写法。

课外查找资料，完成一份"网络运用倡议书"，为了更有说服力，可以使用数据、对比、并列、图表、曲线图等。

发布倡议书。

学习评价：能表达自己的观点，言之有据。

让学生对网络优势、劣势做出分析，并说明理由，提出倡议。思考倡议如何让人信服，合情合理，这样的学科统整是开放的、动态的、多层次的，增强了学生思维的发散性和创新性，提高了学生的整体素养。

### 三、源于生活的自然生发

所谓"教学回归生活"，是基于学生发展基础，联系学习者生活经验，设置具有一定挑战性和典型性的学习情境。与生活对接是跨学科主题统整的重要策略。

我们学校的"转角遇到书"区域，设置的布艺沙发温馨洁净，非常舒适。那天和一群学生在那里一起讲故事《蜗牛的奖杯》，聊着聊着，大家都进入了角色，故事结尾讲到"蜗牛再也飞不动了，他的奖杯变成了重重的壳"时，一个男孩顺势一躺，哭喊着："怎么办？我再也不能飞了，呜呜呜……"

几个学生一边拉他一边说："你快醒醒吧，自作自受，快改过自新吧。"

男孩生气了："偏不！"

于是学生们更来劲了："你看，叫你去飞吧，偏不练习！"

"不能太骄傲的。"

一下子，"转角遇到书"成了学生们的表演舞台，你一言我一语，谁也没想到那男孩真的伤心起来。

我对这一幕深有感触，问那个哭泣的男孩："刚才大家的这些话，你是不是听了很难过?"他点点头,嘟着嘴。

"孩子们,朋友遇到问题了,我们怎样劝说才会有效果呢?学会劝说可是一门大艺术哦!"听我这么说,刚才嬉笑的学生们茫然地看着我。

"你们可以去请教心理老师,怎样做才算有效沟通?""学会劝说"的项目任务就这样生发了。

项目任务一,怎么有效沟通。

1. 学会称赞。

师:(情境创设)比赛马上就要开始。5、4、3……蜗牛领先了,看,它甩下了所有对手……啊,蜗牛遥遥领先。站在领奖台上的蜗牛,多想得到大家的称赞。来,夸夸它!

生:蜗牛,你真棒!

师:可以。

生:蜗牛,你真厉害!

师:好的。

…………

师:这两位朋友大家还认识吗?(出示:语文园地中的《称赞》一文)小刺猬怎么称赞,小獾怎么称赞?

(称赞对方时应说出具体事由,这样的称赞更真诚。角色转换,把对方当成蜗牛,互相夸一夸。)

2. 学会感谢。

(采访:刚才你的同桌称赞你的时候,你开心吗,得到称赞舒服吗?)

生:谢谢你!

师:看来,还是要请小獾帮帮忙。(出示《称赞》中小獾的话:"谢谢你,你的称赞让我消除了一天的疲劳。")发现什么?(把心里的感受告诉对方,感谢对方。)

生:(互相交流。)

师:你看,一个夸,一个谢,多温馨!

3. 倾听内心。

师:(回顾情境)从此,白天,蜗牛就把奖杯背在身上,到了晚上,蜗牛就睡在奖杯里。一天又一天……大家有什么问题要问问蜗牛？

生：（略）。

师：让我们来听听蜗牛的想法。（炫耀，怕人偷了去。）蜗牛这样想对吗？

生：后果很严重。

生：太骄傲了。

生：是呀，别人都在练习飞行呢。

生：想起一句名言，虚心使人进步，骄傲使人落后。

4. 学会劝说。

生：（批评、告知后果等。）

师：假设你就是蜗牛，听了这些话，心里舒不舒服？（不舒服）有没有办法让这些话听起来更温和一点？来，用这样的办法再试试看。（先称赞再劝说。）

生：（略）。

（通过亲身体验，学生们明白了，首先要问清楚原因，劝说对方的时候应先称赞再劝说。这样的话，对方听起来便舒服多了。还有一个很重要的说话技巧，劝说别人时，先总说，再具体说一说，就像一颗种子，我们要让它慢慢发出芽来。）

项目任务二，让劝说更有说服力。

劝说包含以下事项：

思，提出观点；

法，罗列理由，可以从后果的严重性、讲人生道理、以别人为榜样等多个角度罗列；

规，逻辑顺序，劝说理由可以是一个，也可以多个，呈层层递进关系；

技，劝说技巧，要注意说话方式，比如先表扬后劝说，比如根据听者的身份确定劝说内容等。

项目任务三，学会劝说。

有了前期的准备，学生们胸有成竹，我希望他们把自己的成果分享给大家，所以决定通过课本剧的形式，让更多学生参与其中。于是，问题又来了——

1. 预算：预算 300 元，请学生合理安排。学生们发现表演中需要的费用很多，服装要制作，场地布置需要道具等，只能开源节流。他们列了张清单：第一，服装可以租赁。第二，场地布置成森林运动会，开学初迎接新生时的道具可以二次利用。第三，演员的头饰等在美术课、手工制作课上请老师指导，大家亲自动手做。

2. 编剧：把文字变成剧本，是一个浩大的工程。昆虫运动会，有哪些角色？学生们回顾前面学过的课文《动物儿歌》，再适当拓展，蝴蝶、蜜蜂、蚱蜢，等等，自主选择。人物定了，台词定了，场景有了。各种昆虫的动作可要演员们自己去查阅资料了。

3. 场地：万事俱备，只欠东风。他们跑了校园的几处场地，最后选择了大厅，那里有现成的舞台，方便布置。而且空间比较大，能容纳 200 多人，有钢琴等设施，方便音乐播放。

由上可见，语文课程的跨学科统整的本质是"转变育人模式，促进实践学习"，站在这个角度思考，就能萌发很多的"非常主题"。

## 第三节　跨学科任务设计的思维方式

语文课程的跨学科统整是一个不断扩展的过程，这一节跨学科任务设计就是在第一、二节的统整路径上，发展高阶思维，实现深度学习，使知识真正转化为素养。有以下几种思维方式。

### 一、在还原中发展思维的深度

还原是一种追溯，通过追溯帮助学生感受知识发生的背景和过程，从而达到更清晰、深刻地理解并掌握的目的。我曾将一年级下册识字（一）的各种识字方法与游戏相结合，让学生在玩转汉字游戏的项目任务中还原识字方法，发展思维深度。

项目任务：汉字遇上游戏怎样玩①。

学生经过前期的学习，对中国汉字的文化内涵有了初步了解，对象形字、会意字等汉字构字规律也有了一定的认知。统编教材在一年级下册的第一个识字单元就编排了《春夏秋冬》《姓氏歌》《小青蛙》《猜字谜》4 篇课文，仔细阅读，会发现其中暗藏着语境识字、偏旁识字、会意识字、字族文识字、字谜识字等多种识字方法，这其实是对汉字构形文化的一次综合运用。

除了中国汉字，中国传统游戏也有着悠久的历史和文化底蕴。怎样将传统游戏和汉字的识字规律相结合，用汉字游戏还原汉字的构形文化呢？

任务一：纸牌游戏——《春夏秋冬》。

该游戏来源于中国唐宋时期的"叶子戏"。经过时代发展，如今延伸出了各类型纸牌游戏，深受大人和儿童欢迎。

第一步，了解纸牌游戏。阅读资料袋，介绍纸牌游戏。

第二步，玩转汉字纸牌。

1. 玩转"单字牌"。

（1）自由认读，学情诊断。出示无配图单字牌（见图 6-7），自由读一读。发现上一行为事物字牌，下一行为动词字牌。

**图 6-7 无配图单字牌**

（2）借助插图、字理识字。出示事物字牌图片，为汉字纸牌配上插图。利用学具，练读字牌。见图 6-8。

---

① 林乐珍：《大单元识字教学》，47～80 页，北京，教育科学出版社，2020。

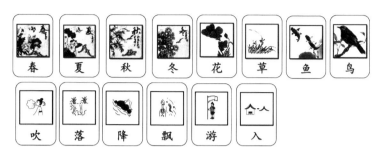

图 6-8　配图单字牌

2. 玩转"双字牌"，争当"一级玩家"。

（1）认识"双字牌"，同桌练读，理解"霜"，识记"雨字头"词串。见图 6-9。

图 6-9　双字牌

（2）玩转"双字牌"。汉字纸牌一级玩法：同桌两人分别抽取 5 张牌，双方轮流单张出牌，出牌时需要喊出牌面。从单字牌开始，当一方打出单字牌，另一方无单字牌时，方可出双字牌压制，此时另一方也须出双字牌；当一方手中没有双字牌可打时，则本局输，桌上已打字牌归赢方所有；双方再从牌库里抽取字牌，直至手中重新有 5 张牌，开启新一轮游戏。最终赢取字牌多者为胜利。

3. 玩转"三字牌"，争当"二级玩家"。汉字纸牌二级玩法：同汉字纸牌一级玩法，再加入三字牌。打牌顺序从单字牌到双字牌再到三字牌。见图 6-10。

图 6-10　三字牌

4. 补充"任意牌"，争当"三级玩家"。

（1）填上合适的动词，创造新纸牌。见图 6-11。

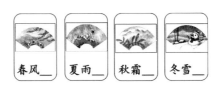

图 6-11　创造新纸牌

（2）仿照"三字牌"，补充"任意牌"。见图 6-12。

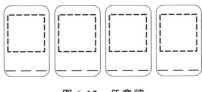

图 6-12　任意牌

（3）玩转"任意牌"。汉字纸牌三级玩法：在汉字纸牌一级玩法、二级玩法的基础上，再加入任意牌。打牌顺序从单字牌到双字牌再到三字牌，最后到任意牌。

本任务的设计，结合《春夏秋冬》识字内容，从单字的事物、动词纸牌，到双字四季景物字牌，再到三字的景物与动词的词组字牌，巧妙地把语境识字的方法转化为汉字纸牌游戏。

任务二：拼字游戏——《姓氏歌》。

《姓氏歌》巧妙地将中华姓氏融入其中，其中很多的生字如"李、张、吴、孙"都可以用熟字加一加的方法识记。通过拼字游戏，把课堂变成一场拼字游戏大闯关，识记合体字。

第一步，了解拼字游戏。

第二步，学习游戏方法。

1. 借助拼字游戏，尝试挑战拼出姓氏。同桌合作，尝试在拼字卡（见图 6-13）里找一找，拼出新的姓氏。

图 6-13　拼字卡一

2. 学习"游戏通关小秘诀《姓氏歌》(一)"(课文第一节),借助"游戏通关秘诀",再次挑战拼字游戏第二关。

第三步,玩转姓氏拼字游戏。

很多姓氏都是由常见的汉字组合而成的,在介绍这些姓氏的时候,可以用"部件加一加"的方法。

第四步,深化游戏玩法。

1. 认识复姓。介绍"资料袋",了解《百家姓》,挑战拼字游戏第三关。见图6-14。

**图6-14 拼字卡二**

2. 借助"游戏通关小秘诀《姓氏歌》(二)"(课文第二节),帮助挑战其他玩法。

3. 挑战"拼字游戏拓展关"。自己寻找同学的姓氏,补充在空白卡片上。见图6 15。

**图6-15 拓展关**

任务三：风车游戏——《小青蛙》。

风车是孩子们在生活中十分熟悉的玩具，所以本汉字游戏中把"青"字族的学习结合风车的风叶围绕中心转的特点，融入"做风车、玩风车"的任务中。

第一步，认识汉字风车。

第二步，制作汉字风车。

1. 纸风车一共有四面风叶，风叶都围绕着中心点转，在风叶上写上一串汉字，随文识字（见图6-16）。

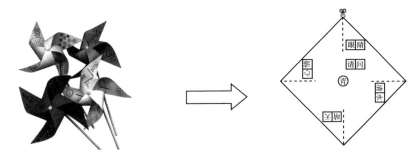

**图 6-16 "风车游戏"风叶设计图**

2. 做一做汉字风车（见图6-17）。

纸风车的做法

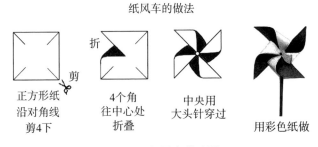

正方形纸　　4个角　　中央用
沿对角线　　往中心处　大头针穿过　用彩色纸做
剪4下　　　折叠

**图 6-17 纸风车做法图**

第三步，玩转风车送祝福。

第四步，丰富汉字风车。

1. 拓展字族文儿歌，发现字族文的秘密（见图6-18）。

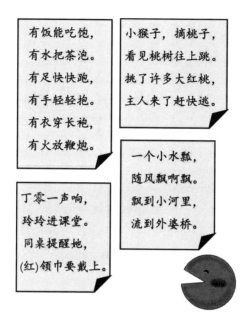

图 6-18　字族文儿歌

2. 选一首儿歌，再做一个汉字风车。

任务四：猜谜游戏——《猜字谜》。

猜字谜集知识性、趣味性、哲理性于一体，也是深受学生欢迎的一种游戏。教材《猜字谜》中的两则谜语，第一则谜语的谜底是"秋"字，谜面暗含了合体字的构字特点。第二则谜语的谜底是"青"字，解释了形声字形旁表义的特点。本任务通过学习这两则字谜，学会猜字谜的两种基本方法，即会意法和加法。并迁移运用这两种方法继续猜字谜巩固识字，让学生在读一读、想一想、猜一猜的过程中，拓展其他猜字谜方法。

第一步，了解汉字谜语。

阅读资料袋，认识字谜的三个组成部分：谜面、谜底和谜目。

第二步，学习猜谜方法。

1. 会意猜谜法。理解谜面的意义，提取关键信息，结合汉字的形和义，猜出谜底(见图 6-19)。

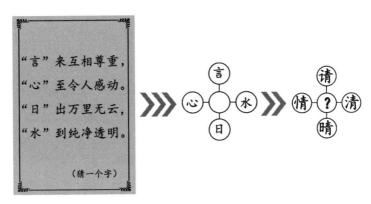

图 6-19　字谜一

2. 迁移运用猜字谜(见图 6-20)。(谜底：包。)

图 6-20　字谜二

3. 加一加猜谜法。理解谜面的意义，提取关键信息，将谜面提示的部分字运用"加一加"的方法，猜出谜底(见图 6-21)。

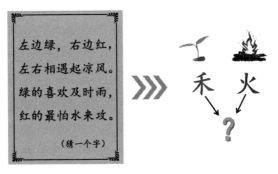

图 6-21　字谜三

4. 迁移运用猜字谜(见图 6-22)。(谜底：动。)

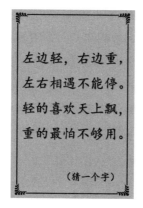

左边轻，右边重，
左右相遇不能停。
轻的喜欢天上飘，
重的最怕不够用。

(猜一个字)

**图 6-22 字谜四**

第三步，拓展猜谜方法。

1. 猜谜巩固生字。

2. 字谜闯关。出示字谜 4 则。

3. 借助谜底(净、言、相、怕)猜谜(见图 6-23)。

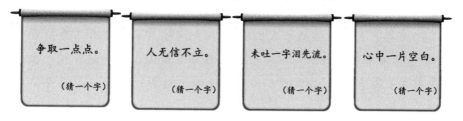

争取一点点。

(猜一个字)

人无信不立。

(猜一个字)

未吐一字泪先流。

(猜一个字)

心中一片空白。

(猜一个字)

**图 6-23 字谜五**

4. 加减猜谜法。按谜面的提示，有的字增加笔画，有的字减少笔画，有加有减，最后猜出谜底。

理解。言：谜面"人无信不立"可以理解为"信没有人字旁"，所以是"言"。同时，做人要"言而有信"。

5. 拓展。猜字谜的方法还有很多，课后可以查找一些字谜，在班级里举行一次猜字谜大赛。

任务五：创造设计汉字游戏。

玩了这么多汉字游戏，原来根据汉字不同的特点，能设计出不同的汉字游戏。现在，你可以尝试创造属于自己的汉字游戏吗？

1. 可以按照前面学过的游戏规则，选择、补充新的汉字内容。如纸牌游戏、拼字游戏、猜谜游戏、风车游戏等。

2. 可以根据汉字特点，发挥你的创意，设计一个属于自己的汉字游戏，和同学一起玩。

通过游戏，学生从学知识到找方法，从找方法到发现规律，从发现规律到形成思想，其思维的深度得到了发展，学习的效率和效果得到了大幅提升。

## 二、建构中拓宽思维的广度

建构就是借助任务的核心工具使原本分化的东西有机联系起来，最终实现序列化、整体化、一体化。

项目任务：把学校建到图书馆。

如果我有一所学校，我希望校园处处是书，学生们所到之处，书本唾手可得，当他们的身边到处都是书时，或许有一天，他们会因为被书中某个情节、某一幅插图吸引而爱上阅读。

2016 年，为支持温州市人民政府《温州市东部教育提升三年行动计划》，由温州市教育局牵头，在经开区创办了籀园小学滨海分校，我受命全面负责滨海分校工作。2016 年，借幼儿园场地办学。2017 年，我们搬进新校园。在着手校园文化建设过程中，我把这个梦想提上日程，于是，有了"把学校建到图书馆"的项目任务。

任务一：我们喜欢在哪里读书。

书放在哪里？让学生们自己说了算。学生们喜欢在哪些地方读书？除了图书馆、阅览室，还有哪些地方应该有书？

学生们拿着胖圆小贴纸，把它贴在自己喜欢的阅读区域，一个个柱形统计图就这样形成了。

学生们喜欢在教室里有个阅读区，于是，教室被分成了四个区域：学习区、成长区、整理区、阅读区。阅读区有沙发、地毯、书架，课间、午间，学生们在那里爬爬、玩玩，休闲阅读。

学生们喜欢在教室外读书。于是，教室外的走廊成了阅读长廊，学生们可以悠闲地坐在可爱的小矮凳上惬意阅读，读到好的书就在封面贴上小星星，向同学推荐。

学生们喜欢在帐篷等有特色的地方读书。于是，楼梯底下设计成了"转角遇见书"。某一天，说不定某个学生爬进去看到其他学生来不及放回去的书，书中某处情节刚好吸引了他，使他从此爱上阅读！

学生们希望在玩耍的地方有书。于是，每个楼层的公共区域做成多功能区，学生可以阅读、聚会等。

随处有书，随手有书，校园就是一座图书馆，这是学生们自己"建造"的图书馆。

任务二：图书经费不够了，怎么办。

很快，遇到困难了。书很贵，我们购书的预算很快就不够了。怎么降低购书成本？学生们想到了图书漂流，想到了班级互换，但还是不够。最后想到买二手书。找书—算数量—算成本……当所有的书到位摆上书架时，师生们都充满成就感。

任务三：能不能创办自己的"胖圆绘本馆"。

学生有了一定阅读量后，也想写写书，让图书馆的藏书中增添自己的书。于是，又一个任务形成了——属于学生们的籀园小学滨海分校原创的胖圆绘本馆开馆啦！这个特殊的绘本馆，专为学生们原创的胖圆系列绘本而设立。

1. 内容：只要你有动人的故事，就可以通过手绘的方式制作成小绘本，以胖圆为主角。第一，与时事结合，如垃圾分类等；第二，与品德结合，如一个故事传递一份感人的精神；第三，从阅读中学写作；第四，把了解的知识编成故事讲给大家听。

2. 形式：创作15～20页的绘本故事，要求配图清晰、字迹工整，内容积极向上，富有创意。第一，封面要求：绘本名称以醒目的美术字体呈现；封面上标注小作者的班级与姓名；封面有与主题相关的配图。第二，材质要求：纸张可选相对较硬的素描纸（双面绘画不透色），也可选空白手绘本直接进行创作，或自行设计装帧形式。

不久，在科学老师的带领下，学生们又开始制作创意折叠书。他们的成品让我们感动、震撼。在阅览室开辟一个区域，存放学生们的书。让学生们参与校园文化建设，选用优秀且适合区域文化的作品，在楼梯以及墙壁等校园各处展示，图书馆的内涵又一次得到了丰富。

任务四：给图书馆取名字。

这个图书馆叫什么名字呢？学生们又有了新问题。那就让他们自己说了算。

1. 怎么取名？我以二年级课文《黄山奇石》为抓手，引导学生学习取名的思维方式：联系，统整，赋予文化。

2. 谁取的名字能被选用？学生们纷纷为其取名，并说明名字的意义，经层层遴选，有两个名字大家取舍不下：第一，"捡到一本书"。小作者借用学校"寻找我的一角"的文化故事，自编自画了这样一个故事——"森林里，胖圆迷了路，他不快乐，忍不住哭泣。他动身前行，捡到一本书。打开书，跳出了指向森林出口的方向标，为他指引方向，带他走出森林。带着书，胖圆快乐前行，偶遇一场风暴。再次打开书，跳出一只地鼠。地鼠挖了一个洞，他们待在温暖的洞穴里，躲过了大风。风停了，胖圆告别地鼠，继续前行，又遇到一片沼泽。胖圆打开书，飞出一只怪兽，驮着胖圆飞过沼泽。就这样，捡到的这本书与胖圆一路相伴。寂寞了，书中的青蛙王子给胖圆一展歌喉。孤独了，书中的美人鱼为胖圆讲故事。无聊了，书中的大象陪伴胖圆游戏。有书相伴，不会孤独。有书相伴，会有好梦。"第二，"圆心书屋"。圆是圆满幸福，也是我们学习的好伙伴——胖圆。诺贝尔文学奖得主彼得·汉德克曾说，对他来说，读书就是这个世界的心。让我们和胖圆一起在圆心书屋精心阅读，感受书籍的美，探索世界的心。

这两个名字一个明示、一个暗示，巧妙地彰显了学校的文化和阅读的内涵。因此我们最后决定将两个名字都作为图书馆的名字，图书馆进口处标"圆心书屋"，出口处标"捡到一本书"，学生们对这个命名方案非常满意。图 6-24 为学生为图书馆馆名作画。

**图 6-24　学生为"捡到一本书"馆名作画**

这个跨学科统整任务，从图书馆布局框架到购买书籍再到内涵提升，学生们一步步地把校园建构成了"胖圆图书馆"。有了这样的经历，我相信，他们的视野、思维都会变得更加开阔。

### 三、迁移中深化思维的效度

迁移就是通过迁移性任务，启发学生体会知识和方法与实践的联系，在新情境的应用中，更深刻地理解知识，形成更有普遍意义的新经验。

项目任务：世界青年科学家峰会与青少年成长相遇。

二年级下册第六单元要求"学习提问"，我们通过问题卡、解答卡的方式引导学生进行单元统整：

1. 读单元课文，发现问题，制作问题卡。——引导问题归类，可以从不同的方向提问，如生活、动植物、人类、未来、过去、衣食住行，等等，如果能联系生活、联结未来更好。提问还可以有不同的问法，如"为什么""什么""怎么""谁""多少"等。

2. 提问要学着解答。如通过梳理找出关键信息（文本）；收集相关资料；借助图片了解等。在学生自主解答的基础上，教师输入关键词在网上搜索一下，辅助解决部分问题。

通过单元统整，学生体验到"原来科学发明源于问题，创新出自好奇"。但提问不能仅仅停留于纸上谈兵。怎样把提出问题、解决问题的习惯向真实生活迁移，让素养落地？那段时间，这些问题一直在我心中萦绕。当时正值世界青年科学家峰会在温州召开，项目任务就这样诞生了。

任务一：向好奇心致敬。

学生们从课内走向课外，由课文联系生活，天文、地理，宇宙、生命，一切万物都成为他们发问的主题……经海选，一批问题脱颖而出，再经精选，在语文、信息教师的共同指导下，创作了"向好奇心致敬"的微课视频，向青年科学家发问。

我的小脑袋里，常会蹦出许多异想天开的发明创想，也有许多稀奇古怪却解不开的问题。科学的世界让我无比好奇，我迫不及待地想去发现。我热衷于家庭实验室，还幻想有一天我也能成为科学家！敬爱的科学家，我有许多问题想问您：

太阳东升西落，流水从高到低，北雁成群南飞，夏蝉彻夜长鸣。四季轮回，万物生长。当世界的奇妙与我们的好奇相遇，我想知道：太阳能西升东落吗，水能从低处往高处流吗，我们能逆转时间吗？

我们对这个世界还有很多好奇！

我们对我们的身体充满好奇：

换乳牙的时候，我疼得要命。换牙这么疼，又不好看，真的太麻烦了！我们为什么要换牙呢？

我家刚多了一个弟弟，他可喜欢哭啦。为什么宝宝这么爱哭呢，世界上有不哭的宝宝吗？

我经常做稀奇古怪的梦，为什么有时候记得住，有时候记不住呢？

书上说人是从猴进化来的，那么在未来，人会不会再进化成另外一种生物？如果会的话，那会变成什么样子呢？

我们不仅对自己好奇，更对美丽的大自然充满好奇：

我最爱吃无花果了，科学家喜欢吃吗？我很好奇，无花果为什么不开花就能结果呢？

我很喜欢小动物，它们的眼睛大大的，可爱极了。我好奇的是动物和人类一样有眼睛，它们看到的事物和人类一样吗？

海豚是我最喜欢的动物，据说它能够一边游泳一边睡觉，这是真的吗？

我知道鱼也需要氧气，让我感到奇怪的是，陆地上的氧气那么足，为什么鱼还要生活在水里呢？

我知道动物植物都需要呼吸空气，我很好奇如果空气消失五秒，世界会怎么样呢？

我们更对浩瀚的宇宙充满疑惑：

每次上床睡觉的时候，我都觉得今天没玩够，要是一直都是白天就好了。如果没有黑夜，世界会变成什么样？

据说地球深处有许多岩浆，岩浆的温度那么高，为什么没有把地球烧毁呢？

我很喜欢星星，为什么我看到的星星都是圆形的，而不是方的或者其他形状的？

黑洞连光都能吞噬，那么关于它的照片又是怎么被拍下来的呢？

进入黑洞的东西都去哪儿了呢？

有正就有反、有黑就有白，那有没有和黑洞完全相反的"白洞"呢？

世界为什么是现在这个样子，未来世界又会变成什么样子？我们也想和你们一样，成为一名科学家。但是成为科学家需要做些什么呢——

成为科学家要有什么品质呢？

成为科学家需要做什么努力呢？

科学家喜欢做些什么？

任务二："双创会"研学。

利用周末，学生们又走进了"双创会"，参观了高科技发明，也参观了身边各中小学哥哥姐姐们的创客作品，并与他们对话，解决自己心中的疑惑。学生们做记录，写采访提纲，更重要的是深刻感受到了创新就在身边，正如邱同学感言："原来科学是我们去思考，去发现，去探索出来的。"

任务三：向青年科学家发问。

学生们带着问题研究，查资料、做实验等，他们将自己这段时间的成果分成几个区域展示，如"我爱发明区""家庭实验室区""实验体验区""科普长廊"，这些汇集了全校同学的科学创想，让人脑洞大开。

青年科学家峰会期间，我们把青年科学家请进了校园，学生们终于可以近距离接触科学家了，他们迫不及待地梳理自己在实验过程中的困惑，向科学家提问、与科学家交流。青年科学家们也一边听学生们讲述，一边为他们讲解实验原理，用通俗浅显的语言讲述深奥的科学道理。在这一问一答中，科学的种子已经悄然种在了学生的心田。

对世界充满好奇，不断提出问题并设法解决，这种研究的意识、探究的习惯，潜移默化地影响了学生的思维和行为的方式。

讲到这里，我们不妨再往外扩一扩，分享一段我和温州市籀园小学滨海分校的教育故事。

### 成长：寻找我的一角

先分享一个小故事：一个圆，它缺了一角，就去寻找自己的一角，这一路，历经艰辛，也收获了很多美好。其实每个人的成长都像这个圆，总在努力地寻找着自己的一角。当然，我也是。与您分享我和籀园小学滨海分校的教育故事——成长：寻找我的一角。

### 受命：经历一段旅程

我们的故事从 2016 年 8 月说起，领导找我谈话说："温州市政府有个《温州市区东部基础教育提升三年行动计划（2016—2018 年）》，我们在经开区创办籀园小学滨海分校，由你去负责。"第一反应，"支教"，我婉言谢绝。

"这可是教育使命啊，事关温州经济发展！今年第一年，虽然只有 30 多人，但这个分校一定要办好，我们相信你！"领导说。我没有立即回复，只好先回家考虑一下。

如果说教育情怀，我们这批人 2003 年就到了温州市实验小学，九山湖的这片土地留下了我们的青春、汗水，甚至泪水。我有一种为市教育局、为籍园荣誉而战的冲动。但考虑到各种实际困难，我退却了。就这样犹豫了一周之后，我决定挑战自我。心里鼓励自己："如果我的努力，能见证一所学校从无到有，从有到优，也是一段美好的人生旅程。"

于是，受命、组队，35个学生分成两个班，也作为一所学校来办，麻雀虽小，五脏俱全。手中是空白的画卷，我开始像设计师一样去思考教育：小学六年对今后产生什么影响，我们能让教育发生怎样的可预见的改变，我的分校又该如何继承与创新？

我想到了《失落的一角》，我把它蕴含的教育哲学注入学校的办学理念，提出"寻找我的一角，发现美的世界"。它既蕴含了"创适合每个孩子发展的教育""做最好的自己"的理念，又诠释了滨海分校朴素的教育价值追求！我们希望每个学生都能在这里寻找到自己的一角，不一定圆满，但每一个人在努力地寻找，在无限接近中收获一路美好。

9月，学生报到，家长很满意；10月，家长会，我代表学校分享了我们的办学思路，家长表示震撼，在朋友圈深情表白说自己没有选错；11月，亲子运动会，全校上下充满凝聚力和荣耀感。至此，我算是基本搞定了。

### 破局：把劣势做成优势

几年来，队伍不断壮大，学校不断发展，其实背后的问题接踵而来。

第一年，我们8位教师，6个学科，教研怎么办？教师怎么成长？滨海到市区来回70千米，就算路况通畅，路上也要两小时多。依赖本部，显然不现实。这个局怎么破？

我在想，不管怎么破，首先要做对。我学会了本质追溯：解读深化课改文件精神，会发现其本质精神就是转变育人模式，促进实践学习。那就要求教师从课程的视角思考教学的改进。我决定，打破学科界限，全学科教研。我们找了很多资料，一个主题，多个教师一起上，不是我们想要的。我们思考的是：怎样通过学科融合，撬动基础型课程的教学变革？

那天，要出一节对对子的课。正琢磨着，听到数学老师在教正方体，六个面，上面对下面，前面对后面，左边对右边。突然一个灵感：

能不能从思维角度切入，借助全学科转换难点？思路一打开，大家各抒己见。

"这一课带'日'部件的生字，其实就是科学中的昼夜更替，四季轮回。"

"对子的吟诵就是古琴的旋律。"

"学生们这段时间可喜欢玩魔方了。魔方……"

对，玩转汉字魔方！于是，一个汉字魔方，融合了语文、科学、音乐、美术多个学科，登上了全国舞台，与各地同人同课异构。

案例成功，其最大的价值不仅是研究思路的转变。语文课上有《千字文》，数学课上也有突破千以内数的认识。美术课里有感性的以"牵着点点去散步"为主题的点线面的认识，数学课里也有理性的点线面。这些一融合，很完美！就这样，案例获奖了、文章发表了，全国创新课特等奖有了我们老师的身影。

单学科融合可以说是我们全学科教研的第一个层级。我们发现，转换一个视角，学习是可以更快乐、更高效的。有人说：籍园的学生，书包背出来都不一样。因为他们够阳光、够自信。一所学校，我想学生就是最好的广告！

2017年，我们搬到新校园。我把校园一步步打开，让工作分解，使自己有更多精力潜下心来做教育教学。一个月后，一年级学生遇到大困难了。拼音难学，这是个行业难题。虽然统编教材在设计上已将教学延迟一个月，但困难依然还在。面对这个行业迷局，我们小小的团队，能否攻坚克难？我们试试看。

与美术结合：画个山谷。胖圆变圆了，滚得飞快。呀，不好。怎么办？放下一角，让他到最需要的地方去。这里需要它，这里需要它（尖尖角的山谷因为这一角，变成了三拼音节）。它们在一起，你认识吗？就这样，学着跳着，胖圆跳出山谷了，三拼音节的难点也就突破了。

与体育融合：化身为小胖圆，滑一滑，亲身体验四声奥妙！

与营养健康融合：灰狼做的这些食物可都是课文要掌握的音节呢。

和拓展课整合，下下围棋……

继续做大，我们把统编教材拼音学习中涉及的知识点都整合在胖圆游历的连续剧中，学生们化身为小胖圆，13个故事讲完了，拼音也就掌握了。更妙的是，每个故事背后的经典故事，似曾相识的感觉是课外阅读最好的兴趣。

于是，小胖圆从滨海走向全国，从小学走向幼儿园，杨再隋教授说："如果这样学拼音就不用延迟一个月了。"有专家评价说："你们从学习的本质出发攻克了拼音学习难点，温州人会创新！"有一天，出版社编辑打电话给我说："国家'万人计划'教学名师怎么翻译呀，我们准备把版权向国外输出了。"我想，也许小胖圆还可以走得更远。

单学科微项目式融合，可以说是我们全学科教研的第二个层级。这是数学教师基于元概念的教学思考，这是美术教师的尝试。

问题又来了。几年来，尽管队伍不断壮大，但新创办的学校，人手依然有限，众多的工作全部压在这么一小群人的身上，工作量可想而知。这个局怎么破？

我们很明白，抱怨，只能说明我们没能力改变它。有人说，推动事情的发展有两个关键词：力量和人心。人心，我们有了，几年来，团结已成为我们的文化。力量怎么来？如果我们把所有力量凝聚在一起，那小小的团队也能发挥大大的能量。把全学科做大，打通德育与教学，全局统整。

比如，一个问题，"小小气球可以怎么玩？"一梳理，全科联动，这个"六一"不一样。

一个"胖圆游历记运动会开幕式"的大任务，分解为小任务，策划、合作，全学科联动，来一场现实版的胖圆游历记。

有多少现实问题就能迸发多少精彩！

多学科融合可以说是全学科的第三个层级，还有第四个层级，跨学科融合，不再赘述。

整体性的学校课程体系(见图 6-25)不仅精简了工作，更重要的是我们每个人都可以在这个整体性的学校课程中找到自己的课程场域，寻找着自己的一角，成就自己，精彩学校。

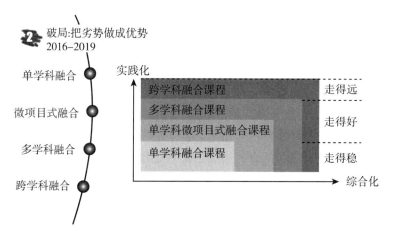

**图 6-25 箍园小学滨海分校学校整体性课程体系**

一所学校，在往前行走的过程中，一定会不断面临困境，我们可以受条件限制，但我们不能没有创造力！不知不觉中，我们把劣势做成了优势。

### 裂变：发现美的世界

2019 年 8 月，台风"利奇马"来袭，位于海边的滨海分校不仅远而且险，我舍不得让其他老师尤其是女老师过来，只有显光老师陪我值班。夜渐渐深了，听着玻璃哗哗地响，停电了，一片漆黑。风越来越大，我有点害怕。一个人坐在办公室里，三年来的一幕幕涌上心头，车抛锚了，迷路了，剐蹭了，无奈过、委屈过、纠结过……为什么要如此折腾，活生生把自己逼成了"女汉子"。眼泪忍不住流了下来。为平复自己的情绪，我穿上雨衣，开始巡视。

走过学生们的一个个潜能区。几年来，我们为不同潜能的学生设置了活动区域，学生们寻找着自己的一角，他们在这里学习，在这里玩耍，在这里创作，他们留下来的一个个作品又丰富了校园的文化建设。

所以我们整个校园除了浮雕上的办学理念，整个学校没有半句口号式的理念，但每个角落都会说话。我说办一所"无字校园"，让所有的理念都写在行动上。

一路向前，我随手拾起被风刮在地上的学生的作品。照片中宋同学对着我哈哈大笑，耳边响起他那天的欢呼："看，这是我的一角！"

转过这个钢琴区，那天，正在这儿玩耍的小姑娘跑过来，递给我一幅作品，"校长，这个是我假期做的作品《寻找我的一角》，送给你！"几年来，小胖圆妥妥地成了学生们的学习伙伴，小胖圆就是他们，他们就是小胖圆。

也就在这个现在被雨水浸泡着的大厅，一次幼小衔接讲座后，一位家长急切地找到我说："校长，我的孩子很想进您的学校。"

我说："欢迎！我们6月中旬报名。"

"我的孩子是明年的。"

"啊？"

"我已经连续两年听您的讲座了。每次都是调好闹钟秒杀抢到票的！我们都被学校的小胖圆吸引住了。寻找我的一角……"然后她如数家珍，"我们家长又何尝不在寻找自己的一角？"

是呀，几年来，我经历了后勤、财务、对外协调等原本没有经历过甚至从不去关注的事情。我，又何尝不是那个小胖圆，跌跌撞撞中寻找着自己的一角。

如果说几年前，我们提出这个理念是基于学生视角的朴素的想法，几年后，再去看这个理念，我们更深刻地体会到了它背后的教育哲学，"寻找我的一角，发现美的世界"已经成为我们学校的"立校之魂"！我是，学生、老师、家长，我们都是！

也许，选择追寻，就是选择了一种生活方式，或许并不是在寻找我们要的什么东西，只是在努力感受生活中的一段变化吧。风吹日晒、辛苦跋涉，有苦有乐、有笑有泪、有花有果，这大概就是成长的滋味。

心情释然，回到办公室已经凌晨一点，我一口气写下文稿。这就是我和籀园小学滨海分校的故事——成长：寻找我的一角。

感谢谢尔·希尔弗斯坦的启示，致敬我亲爱的滨海分校的所有同事，谢谢大家！

可以看出，语文课程的跨学科统整并非一蹴而就，按照统整的程度，可以呈现多种样态。故事中温州市籀园小学滨海分校基于系统视野的全学科学校全局性课程体系其实就是在不断发现问题、解决问题的过程中逐步形成的多种跨学科统整的样态。

总之，如何实现全学科整体化建构，使知识真正转化为素养是我们的共同追求！

[**理一理**]

语文课程的跨学科统整是灵动语文课程统整的发展趋势，也是语文课程统整的又一设计线索。根据统整程度的不同，呈现单学科统整、多学科统整、跨学科统整等多种形式。

单学科统整重在优化学习方式，撬动多样化学习方式的变革，强调的是各学科不同思路的转化。多学科统整重在整合学习主题，帮助学生形成一个清晰的认知路线，强调各学科间的实质关联，见图 6-26。

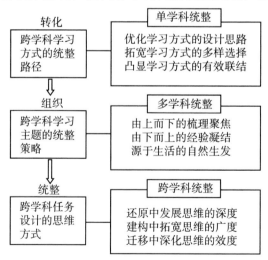

**图 6-26　语文课程的跨学科统整思路图**

## ［做一做］

《玩转"汉字魔方"》是一个单学科统整的教学案例，请试着分析，本案例在课程内容、课程实施、课程评价的统整上做了哪些尝试？

玩转"汉字魔方"

——一年级下册《古对今》教学实录

一、认识"汉字魔方"

师：孩子们，前几天数学课上，你们有没有发现，我们二、三年级的哥哥姐姐们在玩这么一个游戏。(课件展示魔方)你知道它叫什么吗？

生：魔方。

师：对，今天呀，林老师有一个魔方，和它有一点点不一样。你发现了吗？

生1：它上面有汉字。

师：太对啦，所以我这个魔方就叫作"汉字魔方"。你们喜欢吗？

生：喜欢！

师：那我们这节课就来制作一下汉字魔方，然后玩一玩汉字魔方，好不好？

生：好！

二、制作"汉字魔方"

第一个法宝：依字理识字。

师：做"汉字魔方"的第一个法宝，就是我们刚才桌上的这些字卡。请同桌两个人合作，如果两个人都会了，就把这些字卡翻过来盖在桌上。如果都不会，就把它正面朝上。如果一个人会，一个人不会，最会合作的同桌应该怎么做？

生：帮助同桌。

师：谢谢你们，这是我们的好风气。明白了吗？开始。

(学生展开同桌互助认字活动。)

师：合作得真好，这样一合作，我就知道哪些字需要我帮忙。其实，林老师告诉你们，学汉字是有办法的！你们仔细看，这些字有一个

169

特点，你们发现了吗，是什么？

生：都有"日"。

师："日"就是——

生：太阳。

第一步，学习"晨、暮、朝、夕、朝霞、夕阳"。

师：那现在我们就请太阳公公帮助我们一起来认识这些字好不好？大家睁大眼睛看哦！

（播放汉字绘本动画。）

师：这个时候，太阳刚刚升起，这个人拿着锄头到地里去劳作。这是早晨到了。这个字，就读——"晨"。我想看看谁读得最准。

（学生齐读"晨"。）

师：很准，翘舌音、前鼻音。早晨到了。同学们注意看，太阳在上面，早晨到了（贴词卡：晨）。劳作了一天，太阳公公累了，它把自己落在了草丛中，这时候，傍晚到了。这个字叫——"暮"。你们看，傍晚，太阳在草丛中。所以我们说"晨"对——"暮"（贴词卡：暮）。一天就这样过去了，又一天开始了，孩子们仔细看，这时候，太阳公公从草丛中羞答答地露出了小脸，可此时，月亮姐姐还挂在天边，它过来和太阳公公打了声招呼。原来，早晨又到了。这个字读什么？（朝）有点难读，我想请女同学读读看。

女生：朝。

师：翘舌音，有一部分同学没读好，再读。

女生：朝。

师：很好，男同学读读看。

男生：朝。

这样一来，我相信全班都会读了，大家一起读。

生：（齐读）。

师：刚才我这样说，"朝"是什么时候？

生：早晨。

师：嗯，那早晨的太阳，你们说会叫什么？

生1：朝霞。

师：哦，再想想，早晨的太阳叫什么？

生2：朝阳。

师：太棒了！知道的同学都大声地告诉自己，早晨的太阳是——

生：朝阳。

师：注意哦，早晨的太阳躲在云霞的后面，所以整片天空红红的，这片云霞，我们叫它是——

生：朝霞。（贴词卡：朝霞。）

师：刚才谁说的朝霞？现在你知道朝霞是什么？

生1：早晨的云霞。

师：早晨的云霞是什么？

生：朝霞。

师：好，一起读。

生：朝霞、朝阳。

师：一天的工作可辛苦了，太阳公公要回家了。你看，月亮姐姐来接班。这个时候呀，傍晚又到了。这个字呀，叫“夕”。谁知道夕阳是什么时候的太阳？

生：快到傍晚时候的太阳。（贴词卡：夕阳。）

师：孩子们，你们看，太阳公公一帮忙，我们就认识了这么多字。我们来整理整理，太阳公公刚刚升起的时候，是——

生：晨。

师：一天过去了，傍晚到了，这时候是——

生：暮。

师：又一天早上，什么出来了呀？

生：朝霞。

师：到傍晚的时候，太阳落了——

生：夕阳。

师：一天又一天，你能不能把这些字积累下来？我们一起读。

生：晨、暮、朝霞、夕阳。

第二步，学习"春暖、酷暑、秋凉、严寒、和风、细雨"。

师：真棒。认识了这么多，但是还有好多词语。刚刚有的同学就把它翻在桌面上，需要老师帮忙。我们请太阳公公继续帮帮忙。前面学过，一年有几个季节？

生：四个季节，春夏秋冬。（课件出示：四个季节图。）

师：春天的时候，太阳照着，不冷也不热，非常暖和。我们把这个"暖"字，放到春天这个位置（课件："暖"移到春季图中）。春天的时候，风也非常柔和，吹在身上可舒服了。这种风叫什么？

生：和风。

师：真棒！所以我把"和风"也请到了春天这里来（课件：移动"和风"到春季图）。那其他的词语放哪里呢，你们自己讨论讨论看。

（生合作讨论，师巡视。）

师：可以交流了吗？后面的同学我刚刚都没叫到，请你说。

生：（略。）

师：他说想把"酷暑"请到"夏天"这里来，大家都同意吗？（课件：移动"酷暑"到夏季图）看，夏天的时候，太阳直射，我们好像在火上烤一样。所以，在这个时候，学校怕同学们晒坏了，就放了一个假，这个假期叫什么假？

生：暑假。

师：暑假的时候，太阳可热了。所以你们可不能在太阳底下乱晒，担心会——

生：中暑。（边说边板书"暑假、中暑"。）

师：中暑可难受了。林老师在网上查了一下，有的地方夏天温度达到了四十五摄氏度。你们科学课学过，人类的体温是多少度？

生：三十七摄氏度。

师：三十七摄氏度。那四十五摄氏度的时候你觉得怎么样？

生1：太热了。

生2：超热。

师：超热，太热，这个词语就是我们刚才说的——

生：酷暑。

师：好，请继续。

生1：冬天是"严寒"。

师：我们把"严寒"放到冬天。(课件：移动"严寒"到冬季图)我再考考你们，水什么时候会结冰？

生：零摄氏度。

师：对，所以"寒"字下面的两点就是结冰了，因为零摄氏度的时候就会结冰，但是我查了资料，有的地方最冷的时候达到了零下四十摄氏度，你感受到什么？

生：非常非常冷。

师：给你看一张非常非常冷的照片吧。你看到了什么？

生1：帽子和口罩都结冰了。

生2：呼出的气都结冰了。

生3：帽子都变硬了。

师：这就叫——

生：严寒。

师：这两个字可难读了，林老师要求也很严格，前鼻音，第二声。火车火车哪里开？

生：火车火车这里开。

师：今天这列火车开起来。

(生开火车读"严寒"。)

师：还有几个你们怎么摆放呢？

生1："凉"在秋天。

师：哦，秋天很凉爽，大家把"凉"请到秋天。(课件：移动"凉"到秋季图)"细雨"呢？

生 2：夏天。

生 3：春天。

生 4：夏天。

生 5：夏天。

师：到底请到哪里呢？

生：夏天、秋天、冬天……

师：看来要讲理由才最有说服力。放到哪里，讲理由。

生 1：夏天，因为夏天很热，应该下下雨。

师：哦，要下下雨凉快一下，这是你的想法。

生 2：应该放在秋天，因为细雨能让秋天的果实长出来，长得很壮，需要雨。

生 3：春天。因为春天会下春雨，春雨小小的，细细的。

师：听清楚他的话了吗？他说得很有道理。春雨细细的、小小的。那么你能继续告诉大家吗，为什么不是在夏天？

生 3：因为夏天的雨有时候一下子很大。

师：夏天的雨一下子很大，我们叫它雷阵雨，所以不把"细雨"放到夏天。你再告诉大家为什么不把它放到秋天。

生 3：秋天叶子黄了，有点干，不太下雨。

师：明白了，所以有个词语叫"秋干气燥"，不下绵绵细雨。那你说为什么不放到"冬天"？

生 3：因为冬天下雪了。

师：哦，结冰了，下雪啦，不下绵绵细雨啦。大家同意他的意见吗？

生：同意！

师：掌声送给我们的小小科学家。（课件：移动"细雨"到春季图）所以呀，有一对词语就叫——

生：和风细雨。

师：孩子们，你们看，有了太阳公公的帮忙，我们又认识了这么多生字。春天的时候——

生：春暖。

师：暖暖的，太阳在左边。到了夏天的时候，天气热了，叫什么？

生：酷暑。

师：秋天的时候，凉凉的，我们说这个词语叫——

生：秋凉。

师：冬天的时候——

生：严寒。

师：对，春天暖暖的，夏天很热很热，到了秋天又凉凉的，到了冬天，太阳越来越远了，很寒冷。第二年的春天，它又开始暖暖的。（依次出示词卡：春暖、酷暑、秋凉、严寒，形成对应的一圈）就这样，春——

生：暖。

师：夏——

生：酷暑。

师：秋——

生：凉。

师：冬——

生：严寒。

师：你们看，一天又一天，一年又一年。古人不知道，以为天一定是圆的，地一定是方的。所以，他们就有了一个词语，叫天圆地方。这个我们积累下来。

生：天圆地方。

师：真好听。在太阳公公的帮忙下，我们拿到了第一个法宝。现在同桌合作一下，桌上的法宝是不是都认识了？

（学生再次展开同桌互助认字检测。）

第二个法宝：寻对子规律。

师：好，第一个法宝顺利拿到。现在我们要挑战第二个法宝。注意

175

看，这个数学里面学过的，叫什么？

生：正方体。

师：考考你数学学得怎么样。正方体几个面？

生：六个面。

师：上面对——

生：下面。

师：前面对——

生：后面。

师：左边对——

生：右边。

师：很能干，但是今天我们学的是对对子。如果我这个正方体的上面是"云"，请问下面是——

生：雨。

师：上面是"雪"，下面是——

生：风。

师："花"对——

生：树。

师："鸟"对——

生：虫。

师："山清"对——

生：水秀。

师："柳绿"对——

生：桃红。

师：今天我们学了这么多知识，是不是也能拿来试一下？如果上面是"圆"，请问另一面是什么？

生：方。

师：如果一面是"和风"，另一面是？

生：细雨。

两个法宝都已掌握：正式制作"汉字魔方"。

师：看来难不倒你们，现在两个法宝你们都掌握了，我们就能够开始做"汉字魔方"了。怎么做，仔细看。

（视频播放：同桌两个人合作，一个同学拿出一张词卡，比如"晨"，撕掉后面的双面胶，把它贴在一个面上。另一位同学赶快去找它对应的字，"晨"对"暮"，把"暮"找到之后，也撕掉双面胶，然后把它贴在正方体的对应面。这样一来，两个面就做成了。然后再开始做其他对着的面。明白了吗？）

生：明白了。

师：正方体拿出来，两个人合作做两个，我看看最佳合作同桌在哪里？

（生同桌合作制作"汉字魔方"。）

师：好，全部成功。现在我们校对一下，一边读一边检查，如果有错马上改正。

三、玩转"汉字魔方"

第一步，对对子。

师：现在我们最期待的就是——玩魔方，看一看他们怎么玩。

（视频播放学生玩魔方示范：对出来的可以检查一下，不会的可以看一看，两个轮换着玩。）

师：同桌两个人也玩一玩吧！

（生同桌互玩"汉字魔方"。）

第二步，对韵歌。

师：魔方呀，还可以变着法儿玩。我把魔方上所有的字都请到这里来，就有了这么一首对子歌，自由读读。

（生自由读）

师：读得真好，有没有发现什么？

生1：就是这些都是什么对什么。

师：对，所以我们叫它对子歌。

生 2：它们的对子最后一个字都是后鼻音。

师：哇，他都发现后鼻音了。这个呀，就是我们古人说的"韵"，所以对子歌又叫对韵歌。古人都是按韵成文的，所以他们在读的时候呢，就把这个韵拉长。你听，方——你能不能试试看？

（生读"方、凉、霜、阳"。）

师：第四声和第三声读得很短，第一声和第二声一般读得长，于是，它的读法呀就有了变化，古人叫吟诵，我们一起来试试看。

（生随教师尝试吟诵。）

师：会不会，自己来。

（生尝试吟诵课文。）

师：还有什么发现？

生 3：都是反义词。

师：都是反义词还是有些是反义词？

生 3：有些是反义词。

师：我们找找有哪些反义词。

生 1：圆对方。

生 2：古对今。

生 3：晨对暮。

生 4：雪对霜。

师：雪对霜是反义词吗？

生：不是，应该是近义词。

师：那先把反义词找完，还有哪些反义词？

生 5：严寒对酷暑。

生 6：春暖对秋凉。

生 7：朝霞对夕阳。

师：像这样的反义词，我们叫它"反对"。那么近义词就是什么对？

生：正对。

师：大家还有没有发现？

生：他们都是前面两个是一个字，后面两个是两个字。

师：虽然他没讲太清楚，但我明白他的意思了，他的意思是一个字对的是一个字，两个字对的是——

生：两个字。

师：一个字的我们叫它"一字对"，两个字的我们叫它——

生：二字对。

师：三个字的我们叫它——

生：三字对。

师：真棒！现在大家慢慢积累起来，以后我们还会接触到对联。看来这个对子歌我们掌握得非常好了，现在把它配上音乐，我们就能够读得更加棒了。来，就让我们穿越时空，变成古人，一起来试试看。

（配乐，生吟诵。）

师："夕"字是我们今天要写的一个字。仔细观察，哪里要提醒大家？

生1：最后一点不要忘记。

师：千万别忘了，最后这一点就是月亮姐姐来接班。还有哪里要提醒大家？

生2：横撇不能弯。

师：横撇怎么能做到不弯呢？我们请魔法尺帮帮忙，你看，它们俩是平行的。你们能不能指导我写好呢？第一笔是——

生：撇。

师：我从竖中线开始。第二笔是——

生：横撇。

师：注意了，要平行。第三笔是——

生：点。

师：哇，这是月亮，点在横中线上。打开课本，描一个，写一个。现在我要检查的是写字姿势。如果林老师摸摸你的头，说明你的姿势很正确。准备开始，头正，身直，脚放平。

（学生练习写字，教师巡查，指导写字姿势。）

第三步，回顾整理。

师：下课之前，我还要教你一个玩法。魔方还可以挑战着玩，你看，这是我们三年级的姐姐做的魔方，她的魔方上面是"春风吹"，三个字。你说下面会是什么？

生：夏雨落。

师：这么厉害，前面学得不错。那如果我有一面是"秋霜降"，另一面是——

生：冬雪飘。

师：如果我是"鱼出水"——

生：鸟入林。

师：山花红——

生：池草青。

师：真的很厉害，如果一面是今天上课的时候你们说的"站如松"，那么另一面是——

生：坐如钟。

师：看来我们以前学过的好多词语都可以用来对对子，是不是？自己回家再好好对一对。（课件出示：另一个三字对的魔方）这位哥哥的魔方有一点点难，是我们今天刚刚学到的，他的上面是什么？

生：和风吹。

师：前面是什么？

生：冬严寒。

师：左边是什么？

生：晨朝霞。

师：那它的另外几个面会是什么呢？你们带回家去，和大人一起对，作为今天的作业，好不好？

## "印象林乐珍"
### ——名师成长工作坊实录

时间：2019 年 4 月

地点：温州市籀园小学滨海分校

主持人：申军红①

#### 准备环节

申军红：现场的各位老师大家好！阶梯教室里的老师们，大家好！

申军红：各位老师刚才坐的时间比较久了，咱们先站起来，稍微活动活动，围成一个大圈。我们也请林老师名师领航工作室的同学——安校长、罗蓉老师和王晓红老师，都加入我们这个圈里来。

申军红：今天这个工作坊，我有幸担任主持人。我的助手——缪老师，是林老师工作室的成员。林乐珍老师是今天的主角儿，也是我们研究的对象。另外，我们还有观察的专家——李方院长、罗滨校长，观察的专家可以不进圈儿。我们今天成为一个团队，要来研究林乐珍老师是怎样成为名师的？我们刚才听的林老师的课有哪些特点、特色、风格？名师的身上具有什么样的特质？名师的成长带给我们哪些启示？我们能够借鉴什么，成为未来的名师？

---

① 申军红：北京市海淀区教师进修学校副校长。

申军红：接下来，先做一个简单的分组游戏。从我的助手这边开始，从缪老师的左手边开始报数：一、二、三、四、一、二、三、四，好不好？那咱们从这边开始！（老师们报数。）

申军红：都记住自己的号了吧！我们的分组就完成了。报"一"的老师坐在这里，报"二"的坐在这里，报"三"的坐在这里，报"四"的坐在这里。老师们请进组。林老师您请前边坐。

申军红：下面我们先互相认识一下。分了组之后，每个组就是一个小的团队。我们按照新的团队探究一些问题，完成一些任务。所以，我们首先要在组内给自己做一个名片。桌子上有 A4 纸，纵向折成四折，老师们看，这样就可以给它立起来做成一个名片。做好的这个名片就立在您的面前。我们一看就互相认识了，知道您叫什么名字，来自什么单位。我也就认识大家了。

### 第一个环节：名师成长

申军红：下面进入第一个环节——名师成长，我们来了解林乐珍老师成长的历程。对于林老师，大家可能都特别熟悉，她成绩斐然，课讲得也非常精彩，是一位特别成功的教师。我特别好奇，林老师是怎么成长为一位名师的？我想请出我们今天的主角——林老师。林老师，我想采访一下您，您的教龄有多少年啦？

林乐珍：29 年了。

申军红：这 29 年您从一个青年教师成长为名师，那您觉得在这 29 年中，哪几个时间节点对您来说印象比较深刻，对您的成长至关重要？当然，在这个时间节点上，会发生一些事情，这些事情对您的专业成长至关重要。这个问题，大家特别感兴趣。

林乐珍：我的办公室里放着三本书，正好代表了三个时间节点。第一个时间节点是我的第一个十年。2006 年，我出版了第一本书《感悟：灵动语文》——这是我的第一本专著。为什么这么说呢？《感悟：灵动语文》总结了我前面十年所经历的语文之路的感受和思索。在书中，我提出了对语文教学的几个主张，现在看来，我那时候也是初生牛犊不怕虎。为什么一定要加上"感悟"两个字呢，因为我觉得那时候我对灵动语文的理解只是冰山一角，"感"就是我的实践体验，"悟"就是我的一些理性思考。

申军红："灵动语文"的形成来自您第一个十年的一线语文教学实践，为什么您觉得这个节点对自己来说特别重要呢？在这个时间节点上影响您成长的关键人物是谁？

林乐珍：对我的成长影响最大的是我的爸爸。他的为人处世对我的影响是非常大的，但2003年他去世了。我想到他一直以来对我的期望，他希望我在职场好好干，因为他觉得我是一块"料"。在这样的背景下我开始写这本书，这本书我是为纪念爸爸写的。

申军红：他的人生经历对您的教学有什么影响？

林乐珍：他一直以来都教我低调做人，认真做事。我一直谨守他的教导。

申军红：那接下来的十年的关键事件是什么？

林乐珍：第二个关键的十年，我一直在研究教材。那是2003年，人教版教材刚刚出来，有很多新的改变，这些新的改变给我们一线老师带来了很多新的困惑和问题。这些问题就必须去研究。我们当时作为实验小学教师，开始探索怎么样去使用新教材，所以那个时间段我一直带着我的团队在做教材二次开发，就是开发课文助学系统：这篇课文教什么、应该怎么教。大家有了初步的教学简案，课堂效果得到很大的提高。这个过程是我的第二个节点。

申军红：时间呢？

林乐珍：时间一直延续到2012年，我工作后的第二个十年。

申军红：这是在《感悟：灵动语文》之后的再一个十年。您主要探索的是教什么和教材建设这方面，对不对？

林乐珍：这本书能出版，其实是因为当时我们的研究获得了省基础教育成果一等奖。这项成果给老师们怎样开发教程提供了新的思路，所以这件事应该是一个节点。这个节点的关键人物是我在籀园小学的同事，包括我的首届工作室成员。那个时候我们温州开始提倡成立工作室，我是首批成立工作室的老师，工作室那批成员和我们整个籀园小学的语文老师是关键人物。

申军红：您觉得在这一阶段对您的影响是什么？

林乐珍：那个时候我已经是省教坛新秀，2006 年评上省特级教师，我的爸爸又一直教育我要做就要做好，所以，我想自己既然负责这一块工作，就得有一种担当，我必须带领大家做好。这是第一个。第二，我也看到了一些教师在一线教学中遇到的困难，我既然有心得，就应该和大家一起分享。我在带团队的过程中，团队在成长，团队成长的成果又可以形成新的认知。

申军红：这就是相互的过程，其实，您引领团队，团队也推着您在成长。您的第一个阶段是自己研究探索，有自己的成果。第二个阶段您是带领团队，个人跟团队共同成长。您还有第三阶段，在这个阶段的 9 年中哪个节点很关键？形成专著了吗？

林乐珍：第三个关键节点就是滨海分校，专著是《胖圆游历记》。很多到过我们滨海分校的人都知道，胖圆是我们学校学生的学习伙伴。胖圆是怎么来的呢？胖圆就像《失落的一角》里面的故事一样，他失落了一角，出来寻找最适合他的教育，我们本部的教育理念是"创造适合每个孩子发展的教育"，我就将其变成滨海分校的一个理念，即"寻找我的一角"。胖圆在寻找角的过程中，发现人不一定都是完美的，所以最后选择放下这一角，做最好的自己。所以本部还有一个理念是"做最好的自己，发现美的世界"。我们的课程架构以潜能课程为中心，包括我们楼下整个区域布置也是这样子的，每一个文化布置都在诠释着这个理念。等一下做完工作坊，欢迎大家去参观我们的校园环境文化建设。

申军红：林老师，请问您来到滨海分校，承担建设一个新学校的责任，这是在什么时间？

林乐珍：是 2016 年。

申军红：为什么您觉得这个阶段非常关键呢？您既是一个语文老

师，又是一个管理者的身份，现在您站在宏观的育人角度，思考您的教学和工作。您的理念是挖掘每个人的潜力，整合自己的教育思想，这一点其实无论在教学或是管理中都已经呈现出来了。

林乐珍：对，是这个意思。这是这个阶段的第一步，我看到了我不愿看到的，那么可爱的孩子，学拼音学得那么苦，既然他们爱读书，那么我们就用绘本来撑起拼音教学。所以我给《胖圆游历记》定了副书名为：绘本拼音教学法。

申军红：好。那这个阶段的关键人物是谁呢？

林乐珍：滨海分校的一群小"胖圆"们。

申军红：学生？

林乐珍：嗯，学生。

申军红：您为什么认为学生是您这个阶段发展的关键人物？学生给您带来什么样的影响？

林乐珍：刚工作时我比较爱课堂，后来我慢慢地爱上了教育。现阶段我感觉自己对教育的爱应该是已经深入骨髓了。我疼爱每一个学生，所以看着他们学得累，我会感觉到自己有责任帮助他们学得更好，让他们的未来能够发展得更好。因此这个阶段学生就是我的重心。我们在进行校园建设的时候，大家看到我是先把教室装修好，再把老师办公室装修好，最后才装修我们行政办公室，我的校长室是最后装修的。最开始的半年，我都是在各个不同的地方办公，在我心中学生才是第一位的。

申军红：看来您真正把学生放在了学校的中心，现在我们已经基本了解了林老师的教育理念，谢谢林老师！（全体鼓掌。）

申军红：通过刚才对林老师的采访，我们可以看到名师成长的历程。以林老师为例，在第一个阶段是基于自己教学实践的一种提炼，是教学特色、教学风格的初步形成，当然，这里面既有家庭的影响，有她的父亲的影响，也同她个人的工作态度与工作精神有关。在第一个十年后，林老师已经是一个名师的苗子了。而在第二个阶段，林老师主动转向了团队的发展，当然，在自己的教学上她也有了深入的研究，研究课程建设、课程资源建设。到第三个阶段，林老师由于身份、角色的转变，回归到教育的原点和根本——关注学生。我觉得这呈现出的是一个非常清晰的名师成长历程，相信给我们在座的、未来的各位名师，有很多的启示和启发。

第二个环节：给名师画画像

申军红：接下来进入第二个环节——我们给林老师画画像。我们来看看现在的林老师，她成为名师，身上具备了什么样的特质？当然，可以聚焦林老师，也可以扩散到其他名师。这个画像呢，可以用图画真正画，也可以用语言来描述。我们还是以小组合作的方式，每个组的桌面上都有这种大白纸，也有这种彩色的小纸，这都是大家完成这个任务的工具。之后，我们以小组为单位进行汇报交流，时间十分钟。开始。
（老师们分组讨论。）

申军红：好了，各位老师，请看我这里。大家的讨论都非常热烈，图文并茂地呈现了我们名师的特质。接下来，我们就把各组讨论的结果进行一个交流。我们要共同遵守一个约定：当我说话的时候，大家都要看我；当其他组的组员发言的时候，我们都要认真倾听。而每个组发言时，都要讲明核心观点，简明扼要。听完了，也要给别组的成果给予鼓励。来的组，一位老师发言，另外两位老师帮着拿好海报。第三组已经准备好了，那我们就从第三组开始。

张克：各位专家，尊敬的林老师，各位同事们，大家好。我们是第三组，我叫张克。这位是雪萍老师，这位是静静老师。我们这组呢，是"一棵树"团队，给林老师的画像就叫"好大一棵树"。不知道哪个名人说过，我想做一棵树，一低头就能看到自己的内心，能够静静地站在那里。我觉得，林老师给我的感觉就是——她像一棵树一样，扎根在大地上，随着她的生长，枝干变得很粗壮，枝叶变得很繁茂。林老师的特质，第一个关键词就是"生长"。纵观她的教学历程，我觉得她一直在不断地学习，拥有学习的热情与活力。据我所知，她是一个非常热爱阅读的人，我曾经在我个人规划里写过一句话：我希望能做一个像林乐珍老师这样的人，十年前，她是这样有活力，十年以后，她还是这样有活力。第二个关键词是"情怀"，林老师对教育的情怀可以分成三个方面。第一个是她这种以学生为本的情怀。从她的三本著作中我们可以看到她的这种情怀。刚才大家也听到了，她对学生是抱有一种慈母之心的，所以在课堂上，你会觉得林老师跟学生之间的交流特别贴心，特别温暖。第二是她的教育情怀。她曾经是一位一线教师，后来做科研工作，再后来到我们滨海分校做校长，如果没有这种对教育的热爱，她是做不到这样一种角色的转换的。从籀园这样的闹市区到滨海来开垦一片处女地，这种担当，这种责任，没有情怀的人是做不到的。第三个情怀是她对同事和晚辈的扶持和帮助。我知道她带过很多届工作室，每一届她都很热情地投入。第三个关键词是"担当"。她对整个团队的引领，对学校的引领，对学生的引领，就是她身上的一种担当的特质。所以我们这组认为，林老师就像一棵树一样，她在生长，长出繁茂的枝叶，以她的生长、情怀和担当，去庇护我们这块教育的领地。谢谢！

申军红：下面有请第一组。我们再重复一个约定，如果跟前面的发言重复，我们就简要地说，这样可以节省时间。

沈虹：首先，大家好，我是来自温州市蒲鞋市小学的沈虹。

周阳：大家好，我是温州市籀园小学的周阳。

孙圆圆：大家好，我是温州市光明小学的圆圆。

沈虹：我们第一组的成员组成非常特别，因为我曾是林老师两个工作室的成员，而这位是林老师的同事，另一位是其中一个工作室的同学，更加特别的是我们组有两个身份特殊的人物，他们是见证了林老师的教学观、教育观成长的专家，所以在讨论的过程中我们一直在思考以一种什么样的形象更好地呈现林老师。我们想到的是胖圆，林老师就是我们心中那个不断寻求更美、更好的自己的胖圆。她的心中藏着很多很多的小胖圆，一心为着小胖圆着想，而我们心中也藏着一个大胖圆，那就是在专业成长的道路上不断丰富自己、成长自己的林老师。林老师刚才同我们分享了她的成长历程。其实，作为比林老师大概小十岁的我们，听着她的成长故事觉得很简单、很单纯，但是不知道为什么在这样的简单、单纯里却孕育出了一位名师？

沈虹：我们想到的描述林老师的关键词是这两位专家提供的，那就是——活力，这也是我们大家眼中林老师的形象。她总是不知疲倦，就像一台永动机一样。不管是处理个人生活，还是引领专业团队，将其教学理念、教学观辐射到全国各地的时候，她总是抱有非常丰沛的对教育的热情，她是我们眼中一个充满活力的老师。林老师曾经在带领我们学习的时候说过这样一句话，希望学生们在走出语文课堂后，能够把课堂上的学习经验和学习成果带入他们的生活，让孩子们真正感受到，原来我们的学习是有助于其生活和成长的，她的这个理念植根于她的课堂之中，所以我们随时可见"生活就是语文"，语文就是林老师带给学生们的一种生活经验。

沈虹：其次，是她的善学。林老师是一个非常善学的老师，不是说她已经有了如此丰富的教学经验，就停止了前进。她一直在读书，然后将所学知识运用于教学中，再从教学中更好地提取理论知识。所以她的这种善学是在理论与实践中得来的。在林老师的引领之下，我们也实现了自己的专业成长。林老师能够从课程和教育的角度切入，看到我们每个学员的优点和缺点。她善于鼓励我们，来帮助我们成长，帮助我们的学生成长。

申军红：非常感谢第一组精彩的汇报，请把你们的成果贴在这里。接下来我们按顺序有请第二组，提醒一个原则，已经汇报了的不说。

何品辉：各位老师好！我非常忐忑，因为刚才林校长说她教龄29年，我今年刚好29岁，她开始教书的时候，我还没有出生(笑)。在一群优秀的老师中间，我的教龄最短，但就像第一组老师说的要像林校长一样做一个有担当的人。我作为我们组唯一的男生，虽然教龄有限，但也尽可能地按照自己的理解和感悟来说一说我对我们组老师提取出来的林校长关键词的一些见解和看法。

我们组本来想画林校长的头像，但画技不足无法描绘出她完美的形象，所以画了一颗爱心。对这幅画的阐述主要分两个部分，第一部分是我们对于她教学方面的关键词提取；第二部分是对林校长的人格魅力和个性的解读。我主要从第二部分去阐述。因为第一部分教龄有限很难把老师们提炼的关键词阐述清楚。

通过刚才林校长和主持人的对话，我们感受了她长长的 29 年教学生涯。我想起了一句话："修身、齐家、治国、平天下"。林校长用她自己有情怀并且勤勉、专注力极强的个性品质，先把自己的课堂做扎实。在这一过程当中，她又肩负使命感，这个使命感可能是来自父亲对她的影响，同时也可能是来自她对自身的要求以及对学生的要求，这种使命感和要求促使她在 10 年里面完成了第一本书，之后她继续学习，带领着团队前进。在这个阶段里面她又完成了自己的第二次的蜕变。第三次蜕变就是带着我们去践行她的教育理念。刚才第二组说胖圆代表着林老师，我觉得胖圆更像是我们，比如在林校长身边的俐曼和我，还有所有跟在林校长身边学习的年轻老师，我们践行着林校长的主张，把她的理念通过我们自己有限的力量传播到学生身上，让学生们能够爱上拼音，并且在学习中学得开心，这也是我们滨海人对教育的情怀和理念。

上面这部分是阐释林校长在课堂教学方面的关键词以及她扎实的教学风格。举个例子，前段时间林校长帮我磨课，在磨课的过程中，我打心里佩服林校长，私下里我把她定位为女神的外表、男人的内心（笑）。我觉得她能够在这么繁杂的事务中，把教学这件事情做扎实，在自己 29 年的教学中不停地深化，这一点让身为男性的我非常佩服。以上是针对刚才我们组提出来的要点进行的阐述和理解。谢谢大家！

申军红：谢谢，您阐述的是团队的观点、团队的成果。最后有请我们最后一组。

李秀青：我们这组是第四组，我们这组的表格看起来方方正正，有图有文字，非常符合刚才申老师的要求。其实这也是林老师一直给我们的印象——严谨、踏实。我们组的成员，除了安老师之外，还包含林老师在省、市两级工作室的学员，以及受林老师教育理念影响的温州地区其他学校的老师。我们组在讨论的时候，准备从以下三个方面，即风格特色、职业规划和教育情怀去提炼关键词。

首先是扎实、灵动，这是指林老师的教学风格。而我们跟林老师接触时，一点都不觉得有陌生感，林老师非常平易近人，温文尔雅。当我们有需要的时候，林老师即使再忙，也会抽出时间来帮助我们。

再看林老师的职业生涯规划，她的公开课，我们看到的只是最后呈现的结果，但在每一堂课之前，她都有成熟的思考，课后，她仍会反思还有什么地方需要改进……我经常会接到林老师的电话，她总是问我现在的一年级学生如何如何，她们那边的学生是什么样子的，我们这边又是怎样的，她考虑得特别细致、全面，她的课堂教学是基于反思的。我从 2015 年开始跟着林老师，从市工作室到省工作室，我看到林老师的一次次突破，特别是每次语文教材改版的时候，她都会有一个非常大的创新。这次统编教材出来的时候，林老师抓住了拼音教材的变化，不断去创新、突破，基于学生可能会遇到的困难，不断地去思考，不断地创新，带着我们这个团队一起去研究《胖圆游历记》。在林老师的成长过程中，我们看到名师的成长是进阶式的。她先从课堂到学校，从教师的个人成长到团队成长，最后带领着我们这一波老师一起成长，这是我们概括的关于林老师的职业生涯几个关键词。

在林老师的身上我们还可以看到她的教育情怀。林老师的这本《胖圆游历记》，就体现着她对学生的热爱。透过这一本教材和一个个课例，我们看到了林老师对教学的热爱。29 年来，林老师一直坚持在教育一线，虽然这个阶段更多的是作为管理者，但她并没有放弃课堂，我们看到的是她对教育的坚持。以上就是我们看到的林老师的成长之路，也是对我们以后的成长之路的一种引领。这是我们组的概括。

申军红：感谢第四组。有请林老师。刚才别人都在给您画像，您的同事、学员。我看您也给自己画了个像。好，我们来看看，林老师是怎么给自己画像的。

林乐珍：这是我给自己画的像。我呢，画画没学好，所以让立武帮我好好修修。我为什么这么画呢？身体很小，脑袋很大。第一个出于我对自己的感觉和定位，我认为我做任何事情都想要低调，这是我描述自己的第一个特征，所以我把身体画得特别小。还有，我和别人相处时，会不自觉地自我隐匿，首先会想到放弃自我、考虑别人。就像我爸爸说的：宁可别人负你，不可你负别人。所以我把身体画得很小，这是我的第一个想法。

然后，我也对自己其他方面做了梳理。我画了一个头，因为头上面有我们的眼睛、嘴巴，还有耳朵。这是一路走来我的一些想法。我是属于比较理性的，逻辑思维比较强——读师范的时候我的老师说我是教数学的料，会是数学特级教师，想不到我成了语文特级教师（笑）。因为比较理性，所以我能够透过现象看本质，我会较多地思考这个现象背后的本质是什么。所以尽管课改变来变去，但我仍能够把握住其本质。这是我思维的特点，所以我这里画了一个大脑。然后是眼睛，我经常和金子翔校长吹牛说我看人比较准。刚才和申校长也说，我的同事也好，我工作室的成员也好，都特别棒。此外，我在表达方面比较清晰，特别是学术表达逻辑清晰，所以我的讲座、文章等的思路比较清晰。最后是耳朵，我想说的是我这个人一点都不专制，在我身边工作过的老师和学校里的同事都知道，我很能听得进意见，很多事情，我都尊重同事们的意见，所以我说自己"兼听则明"，因为听多方面的意见，你才会综合思考，同时，也能够得到更多的贵人相助。大家都是我的贵人，谢谢！

申军红：把您的这个自画像也贴在那里。刚才我们第二个环节是以聚焦林老师为例，探讨一个问题：名师身上具有哪些特质？反过来说，具备了哪些特质能成为名师？通过刚才我们各组的讨论与汇报，我想我们每个人脑子里可能会冒出来几个印象比较深刻的关键词。我记得有一个组，好像是咱们第四组老师说，其实，我们在说名师的时候，在关联自己。名师具备这些特质，那我和名师的差距在什么地方？林老师经历了这样的一个成长历程，那我应该怎样成长才能成为名师？我们来聚焦名师就是关联自己的成长，其实我这个工作坊，其中一个目的便是研究林老师、研究林老师的成长经历，另外还有我们未来名师的成长，是不是？

刚才在聆听的过程中，我也发现了些关键词，跟大家分享一下。从林老师的成长来说，我觉得她的基础是乐业，她特别热爱教育事业，这是最基本的，也是支撑她做事情的动力。其次是核心，那就是教育情怀，她的教育情怀、教育信念、教育信仰，是她能够一步一步走到现在的核心。除此之外，林老师还经历了哪些事情呢？我觉得有以下几个关键词，比如说有明确的职业规划和职业目标，不只是规划，还有行动。我到各个组，听到他们不同的讨论——林老师不断地追求卓越，不断地超越自己，特别善于学习，特别勤奋……我们这个名师领航，聚焦的是全国的名师，我可以跟大家说，其实不论来自哪里的名师，他们突出的特点是什么呀？就是勤奋、努力！他们其实付出了比我们其他老师多几倍的心血。还有什么呢？那就是发现更美的自己，不满足，不断地跳出自己的舒适区，进行扎实的实践研究；林老师另外一个特点是人格魅力大，她充满了活力，谦虚，智慧，包容，扶持我们团队的成长。这些都是我们看到的，以林乐珍老师为例的名师身上的特质，给了我们很大的启发，包括我自己也是。

第三个环节：聚焦教学风格

申军红：接下来，我们回到第三个环节，我们想再进一步聚焦，聚焦到林老师的教学风格和教学特色。在座的很多都是林老师工作室的成员，刚才四个组在说的时候，也已经提到她的教学风格了，所以这个环节就进行一点压缩。以刚才呈现的这节课为例子，大家做一个简要的讨论，来提炼出你们认为的林老师的教学风格和特色，用语言文字的形式，写在这张大纸上（手持卡纸），列完之后，我们也作一个简短的交流。

申军红：老师们，时间到了。接下来我们进行小组汇报分享。先请第二组。机会是转瞬即逝的，我们要像林老师一样，不断地追求（笑）。第二组来了，加油，加油！

　　王冬冬：大家好，我是来自第二组的温州市南浦小学的王冬冬。我跟林老师真的是有非常深的缘分，从刚开始教龄很浅的时候我就跟着林老师，当她的旁听生，后来我成了她工作室的正式学员，一直追随我的"女神"。

　　下面来分享我们这一组归纳出来的林老师的教学风格特征。第一是扎实灵动。像林老师说的，她有一个非常睿智的大脑，所以她的课堂非常清晰，她能够非常清晰地知道学生需要学习的是什么，哪些地方是学习难点。此外，林老师还能通过特别生动丰富的方式将学生学习的过程呈现出来。就像今天的课堂，在教授对子歌时林老师采用魔方辅助，让学生在玩的过程中学习，其教学思路既异想天开又脚踏实地。

　　第二点是林老师的全学科观。我记得之前听林老师讲座的时候，她不止一次告诉我们，教师不能随着一次潮流或是一次教学的改革而随意改变自己的教学方式，我们要站在高点去思考。而且，刚刚有老师点评过，在课堂上，林老师是一个非常厉害的玩跨界的"大咖"。在她的语文课堂上，有科学知识，有数学知识，最后还能让学生将知识运用到他们平时的生活当中去，又能从生活回归到语文。

　　第三点，也是林老师一直强调的，她特别关注的一个点是基于学生的核心素养，所以她的一节语文课上完之后，学生不仅仅收获了知识，而且还学到了许多关于生活乃至人生的道理。

　　第四点是林老师擅长对教材进行二次开发，这是林老师的一种创新精神。她能够对教材进行特别深入的解读，挖掘到一些我们平时可能挖掘不到的点。之后她又将这些零散的点，像串珍珠一样，排出序列，找到它们本质的联系。最后，非常感谢我的"女神"林老师！

　　申军红：感谢第二组，你把你们的成果贴在那里。第一个发言者说的时间稍微长了一点。那后面咱们还是继续遵守一点：重复的话不说，直接聚焦主题，提炼观点。

　　周阳：我代表第一组发言。我就是这个学校的老师，感觉特别幸运，可以每天跟着林校长。我们都称林校长为最强大脑，正如她自己所说，她的逻辑思维非常强，整合能力也非常强。她教学最大的特点就是全学科，而现在我们在做的就是全学科视野下的语文教学研究，她呈现的是全学科的整合，同时非常关注我们自己这个学科的特色。第二点，我要阐述的就是她基于自己这个学科出发去深入研究和发掘，林校长也一直跟我们说，要讲科学，要去发现这门学科的特色。今天李方教授也提出这样的观点，跟我们林校长的观点是一致的。第三点是基于学情去教学，林校长特别能把握学生的学情，激发学生的兴趣。正因如此，她的课堂，是扎实的又是灵动的。谢谢大家！

申军红：好，谢谢！第三组准备好了，请吧！

徐叶琼：大家好！我来自塘下实验小学，我代表我们第三组来进行汇报。首先，我们组在梳理时，发现林老师的学科观、学生观以及课程观是非常明显的。譬如说学科观，在林老师的课堂上，我们会隐隐看到生活的影子，看到各种思维、各种感性与理性的碰撞。这是非常灵动的课堂，孩子们不仅学到了语文知识，更学到了源于生活又使生活更美好的事物。第二点就是学生观，以生为本。比如林老师在学生写字的时候会这样说："你的坐姿我会关注，你坐好了我会摸摸你的头。"我们会发现林老师很睿智，她摸的学生其实更多是那些没有坐好的，她用这种方式鼓励和督促她的学生。在林老师的课堂上，每一个学生她都会关注，每个学生都会在林老师的帮助下找到他们缺失的一角。第三个是课程观，也就是刚才各个组都提到的全科思维。全科思维不仅体现在林老师的课堂上，还体现在她的教学思维上。她本人是富有挑战精神、思维能力很强的名师，我们在课堂上看到，学生在林老师的引导下，成长为一个爱思考的学生。所以，基于以上的三个角度，我觉得林老师的课堂做到了带着孩子们去寻找缺失的一角，最后发现他们最美的自己。

申军红：好，第四组，你们的挑战非常大！

张美月：各位老师好！我们组提炼的是这么几点。第一，以生为本，以学为本。林老师在课堂会寻找学生的起点，关注学生的起点，找出支架点进行更好地教学，就像她做过的一个课题《基于学习需求的小学写作微课程设计》。第二，注重创新。林老师的课堂非常灵动，如灵动的语言、灵动的思维、灵动的行动，林老师在课堂上带领学生们做游戏，在做中学。同时，她还关注了基于语文课堂的整合，有大语文观。她的课堂是理性与感性的结合，课堂上的语言实践虽是感性的，但她的思维建设——从课堂到课程再到教育，则是理性与感性的结合。林老师还是有前瞻性的，她会预见未来的教育，也让我们遇见了未来的教育。

第四个环节：关联自我

申军红：咱们通过非常短的时间阐述了林老师的教学风格和特色，给我的感触非常深。大家初步把林老师的学生观、教学观、学科观做了一个提炼，比如她基于学科又跨越学科的学科观，立足课堂、全面立人的学生观，以及她激趣灵动，在活动中成长的教学观。它让我们关联了自己的课堂，学习林老师的教学特色与做法。今天的工作坊也接近尾声了，最后一个环节，请我们这么多年轻的老师一起来思考：我们未来要怎么样成长，如何成长为未来的名师，林老师的成长给我们的借鉴和启示是什么？静静地思考，关联自我，写在 A4 彩纸上，贴在这里的墙上。三分钟时间，写得越具体越好，写出你心中的想法。

申军红：好了，基本上都完成了。老师们来看，我们用五颜六色的纸，密密麻麻地写下了我们的想法。我们说名师的成长在于行动，今天我们从林老师身上汲取了很多的能量，从我们的同伴身上也互相汲取了很多能量，所以特别开心，和我们未来的名师在一起，咱们聚焦名师的成长，做了一个非常好的工作坊，我们也相信并预祝在座的各位老师成为未来的名师，你们可能用不了 29 年，可能会用 19 年甚至更短的时间，便能成长为优秀的教师。今天的工作坊，到这里就结束了，特别感谢在座的各位老师智慧的付出和全情的投入，也感谢关注我们直播的阶梯教室的老师们，希望大家给我们的工作坊多提宝贵的建议。好，谢谢大家！谢谢缪老师！最后，我们来听听在后面观察的专家们给我们这个工作坊的一些建议。

195

专家总结

李方：我特别高兴！领航工程有两个任务，一个是要梳理提炼名师的教育思想，同时发现它背后名师的成长历程，我们叫它关键形态，即了解其中的特质和规律可以辐射到全国，这才是领航的价值。还有第二个任务，就是通过名师工作室开展工作，你看名师工作室下午要挂牌成立基地的工作室，林老师的省级、市级工作室，还有支教工作室，早就建立了。建立工作室目的是什么呢？就是要破解当前基础教育的重点、难点。这两点是领航背后的价值。我期待林老师将来三年应该要有三个成果：第一，继续教育研究；第二，她应整理职业生涯教育叙述，这么好的教育叙事应该有一本新时代名师的生涯史；第三，形成一本专著，用我们工作室的活动案例，包括今天这些案例来研究新时代智慧型教师的规律，用理性的思考和教学实践来印证。

罗滨：对今天的工作坊我的感受很深。第一个是深度，第二个是宽度，跨学科育人的宽度，第三个是有精度，我们精准地瞄准了林乐珍老师和她工作室下面的团队，第四个是有温度。今天我们以林乐珍老师为主来画像，其实画的是一个名师群体的像，我深刻地感受到两点：第一点是热爱和激情，没有这一点是发展不到这样高度的，我们付出了很多，很辛苦，但是我们也很快乐、很幸福。第二点我看到的是责任和担当，正因为这点，虽然我们在过程中遇到很多困难，但我们想办法去解决，用创新的办法去解决，这才走到了今天，这是名师非常显著的一个特质。还有一个建议，这个建议和李院长的建议是密切相关的，我们有这么好的素材，关于语文学科教育的，关于育人的，还有关于名师成长的，凡是我们学员可以梳理成为著作的，如果合适的话，可以纳入我们新时代教师培训的丛书中。然后大家看看，林老师、晓红老师、罗蓉老师、安校长，我们新时代名师不是那些佝偻着身子、皱着眉头的老师形象，而是精神面貌特别好的老师，这就是我们认识的名师，我们在座的即将成为名师的老师们应以他们为楷模（笑）。我们感谢教育局，感谢国培办和专家们！

伍挺：今天都是大专家在这里，我就简单说几句。很可惜的是今天来得稍微晚了一点，但是就是这么短短的一小时多的时间里，通过各位对林乐珍老师的分析、刻画，让我对林老师有了更深的了解和认识，对她的专业素养和教育情怀有了更深的认识，所以我觉得今天这个活动很有价值。今天各位的发言让我对名师工作室有了更深的认识，你们也让我刮目相看，你们虽然描述的是林老师，但体现出了你们的专业素养和语文教学水平，你们也非常棒。此外，今天的申校长是我的师妹，她今天的主持非常专业，今天的研讨活动能取得这样的成果离不开她的主持。我希望通过这样的活动——"印象林乐珍"工作坊的研讨，将林老师成长中的经验总结汇总好，为我们更多的老师，像在座的老师，将来成为名师提供好的经验和案例。好，谢谢！

申军红：今天的工作坊活动到此就圆满结束！感谢各位！

后　记

HOUJI

## 为需要的人做点有意义的事

《灵动语文的课程统整》是我"后特级时光"的再出发，这个时候我对灵动语文的理解逐步趋于理性和清明。其实梳理灵动语文 2.0 的念想早就"萌芽"，却一直怠于动笔。如果不是这次研修契机，这件一直想做却未做的事可能还会被我无限期地拖延。

感谢教育部"国培计划"中小学名师领航工程的平台，感谢培养基地北京市海淀区教师进修学校的培养，使我三年的研修收获颇丰。感谢罗滨校长以及她带领的团队，其专业、敬业，让我深刻感受何为"海淀效率"，犹如明灯，是我前行的榜样。感谢申军红副校长亲自主持"印象林乐珍"工作坊，帮我凝练教学思想。

感谢我的学科专业导师王云峰教授、李英杰博士，以及教育理论导师余新教授，学科教学导师柏春庆主任，每当我"山重水复疑无路"时，是他们让我"柳暗花明又一村"。感谢王云峰教授在百忙之中拨冗为本书写序。

感谢我的导师团队，黄贵珍秘书长、王宁教授、李方教授、宋冬生教授、郭华教授、鱼霞教授、黄瑾瑜教授、张铁道教授、黄玉慧特级教师、王化英特级教师、张海宏特级教师……每一次的高端对话，都给了我莫大的启发。王秀英老师、韩巍巍老师以及"小伙伴"们三年来的全程陪伴，让我倍感温暖。还有诸多良师益友，在此，我一并致谢！

多年来，我走过很多地方，做过很多讲座，上过很多公开课，也听过、点评过很多课，带过很多届工作室、工作站，指导过很多教师。和一线教师的交流不断完善和充实着我的思想，书中的诸多案例都来自当时的心灵碰撞。

写作的过程是艰辛的，我甚至把书稿扔在一边好几个月，感谢冯谦益等编辑的耐心等待，让我有足够的时间酝酿和思考。

那天和专业发展导师余新教授聊我的成长经历，余教授边听边帮我画了张图，然后语重心长地问我："你已经是国家级名师，正高级教师，接下来前行的路上很可能再也不会有'小红花'可以采摘，你会为什么而继续前行？"我想，可能我会秉承一个很朴素的信念，为需要的人做点有意义的事情而继续前行吧！

林乐珍
2023 年夏于明园